Dinkelsbühl Geschichte *light* **Die Stadtgeschichte**

Gerfrid Arnold

Dinkelsbühl

Geschichte *light*

Die Stadtgeschichte

Bibliografische Information der Deutschen Nationalbibliothek
Die Deutsche Nationalbibliothek verzeichnet diese Publikation in der Deutschen Nationalbibliografie; detaillierte bibliografische Daten sind im Internet über dnb.dnb.de abrufbar.

Umschlagmotiv
Stadtansicht Dinkelsbühl von Nordosten. Kupferstich von Christoph Riegel, nach 1689, vom Autor koloriert.

Herstellung und Verlag: BoD – Books on Demand, Norderstedt

ISBN: 9783752630084

Inhalt

Ratsgericht, Fünfergericht, Bauerngericht, Köpfstock,
Galgen, Gefängnisse, Narrenhäuser, Pranger

Wirtschaftsblüte: Blausieder und Sichelschmied

14. Jh. bis zum Dreißigjährigen Krieg; Tuchprivileg mit Preisbindung
für Schafwollweberei; Leinenweberei; Barchentweberei, Strickerei;
Schmiede; Ein Spottvers auf Dinkelsbühler; Schmiedesage; Teichwirt
schaft; Teichsage; Neckname Blausieder

Imposante Bauten

Äußere Stadtbefestigung; heutige Stadtbefestigung; Türme,
Basteien, Bastionen, Waffenarsenal; Wasserverteidigungs-System;
Stadtmühle, eine europaweit einzigartige Wehrmühle; Heiliggeist-
spital; Münster St. Georg; Brezenfenster; Ost-Doppelsonnenuhr;
Schranne; Schrannenhandel; Gustav-Adolf-Haus; Deutsches Haus;
Löwenbrunnen

Steckbriefe großer Stadtsöhne

Nikolaus von Dinkelsbühl; Wolf Behringer d. Ä. und Hans Behringer

Landfrieden, Städtebünde, Stadtsoldner

Städtekriege

„Bayerische Beschädigung"

Reichskriege

Bauernkrieg

Reformation

Waldenserprozess; Erste Evangelische Landeskirche; Katholisierung;
Evangelisierung; Pfarrkirche reichsstädtisch; Evangelische Staats-
kirche; Zwei Abendmahlsaltäre; Evangelisch-Lutherische Reichsstadt;
Die Dinkelbäuerlein-Kanone

Gegenreformation

Schmalkaldischer Krieg; Augsburger Interim; Dinkelsbühler
Kompromiss; Taufprobleme; Katholische Verfassung; Konfusion

Kein Religionsfriede

Augsburger Religionsfriede; Zweite Evangelisch Lutherische
Landeskirche; Martin Luthers Höllensturz; Evangelische Jubelmünzen

Kalenderstreit

Hexenprozesse unter katholischer Regierung

Prozesse mit Todesfolge

Dunkle Vorgeschichte

Naturraum als Voraussetzung

Seine günstige Lage verdankt Dinkelsbühl einer Talenge der breit mäandernden Wörnitz. Der Fluss teilt hier einen querliegenden Bühl, einen Blasensandsteinhügel, der am rechtsseitig ansteigenden Hang einen gestreckten Talkessel aufweist. An der entstandenen Furt bildete sich der Schnittpunkt dreier Fernwege aus, dessen Hauptweg mit dem weithin sichtbaren Orientierungspunkt Hesselberg und seiner spätbronzezeitlichen Opferstätte in Zusammenhang steht.

Die geografischen und geologischen Gegebenheiten, die Ortsnamenkunde und Siedlungsgeschichte des Hesselbergraums, archäologische Feststellungen sowie die allgemeine und regionale Historie lassen die Frühgeschichte Dinkelsbühls bis zum Eintreten schriftlicher Zeugnisse rekonstruieren.

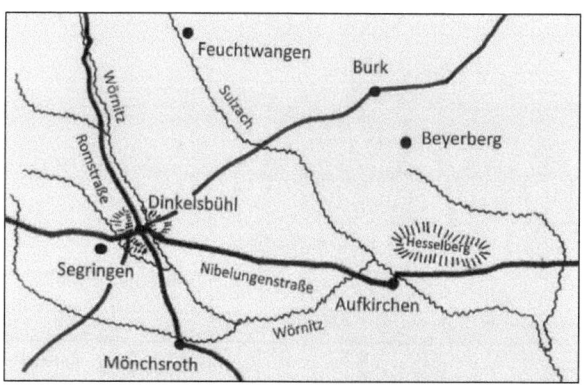

Gründung von Segringen

450-500 An einem Zweig der *Nibelungenstraße*, der West-Ost-Verbindung von Worms am Rhein über Weißenburg zur Donau und in den Balkan, wurde nahe bei Dinkelsbühl in der zweiten alamannischen Siedlungswelle das Dorf Segringen als Herrenhof gegründet.

um 630 Nach der Eroberung durch die Merowinger erhielt Segringen im *Regnum Francorum* einen fränkischen Herrn und wurde Urpfarrei. Die sumpfig durchsetzten Keuperwälder im Wörnitz-Sulzach-Raum Dinkelsbühls und Feuchtwangens fielen in merowingische Königshand.

Dinkelsbühl - Königshof der Karolingerzeit

um 730 Als Keimzelle Dinkelsbühls lässt sich ein Königshof annehmen, eine *Villa* auf einer hochwasserfreien Geländeterrasse des Wörnitzkessels. Der Altrathausplatz und das frühere Karmeliterkloster liegen günstig im Schutz des Flusses und des Talhangs. *Uff der Hoff Statt,* die typische Ortsbezeichnung für eine *Villa,* ist noch bis 1500 für den Altrathausplatz gebräuchlich. Auch das Wiesen- und Ackerland *uff dem Hof,* das heutige Hoffeld südlich der Altstadt, ist wohl ursprünglich villaeigenes, später an das Heiliggeist-Spital gelangtes Gut. Von Unterbrechungen abgesehen, blieb Dinkelsbühl in Königshand bis 1802 und dem Ende des Alten Reichs.

Großes Stadtsiegel von 1387 (Foto: Ausstellungskatalog „Die Reichsstädte Rothenburg, Schwäbisch Hall, Dinkelsbühl", 1967).

Stadtsiegel *Es zeigt den Reichsadler über einem Dreiberg mit Dinkelähren. Wegen ihrer Beglaubigungsfunktion blieben Siegel über Jahrhunderte unverändert. In der Umschrift des ältesten Stadtsiegels von 1291 und dem besser erhaltenen von 1387 beruft sich die Bürgerschaft auf den Villicus* *als königlichen Stadtverwalter: S(igillum) VILLICI 7 (= et = und) CIVIUM IN DINCHILSPUHEL.*

Ortsname *Die Bezeichnung „Dinkelsbühl" besteht aus zwei Wortteilen. Der zweite, landschaftsbezogene Bestandteil „bühl" oder Hügel lässt auf eine Ortsgründung des 8. Jahrhunderts schließen. Vorangestellt ist ein Personenname, vermutlich „Tingolt", ein bedeutender Gutsverwalter mit hoheitlichen Rechten, der „Villicus". Somit bedeutet die Zusammensetzung „Dinkelsbühl" beim „Hügel des Tingolts".*

Der mutmaßliche Gründer des fränkischen Königshofs, Karl Martell, stieß mit seinen Feldzügen in die Herzogtümer Alamannien und Baiern vor und legte den Hof in politisch-strategischer Absicht an. Als fränkische Etappen- und Verpflegungsstation nahe der Furt sicherte er den Schnittpunkt dreier Altwege: Die sogenannte *Nibelungenstraße* als West-Ost-Verbindung vom Rhein zur Donau über Segringen kommend, die kreuzende Nord-Süd-Verbindung, die spätere *Romstraße Via Romea von* Skandinavien nach Italien, und die spätere *Fernhandelsroute* von Straßburg über Ellwangen und weiter über Burk in den Nürnberger Raum. Die Villa bildete das Zentrum einer umfangreichen Königsmark, während die bereits bestehende Segringer Urkirche zur Mutterkirche des neuen Königshofs aufstieg.

751 Mit der Wahl des Karolingerkönigs Pippin I. wurde die Krondomäne karolingisches Hausgut. Die Besiedlung des südlichen Teils zwischen Wörnitz und Rotach schritt voran. Danach erfolgte der Ausbau der nördlichen Mark mit der Urpfarrei Weidelbach.

764-1135 Um ihr weites Kronland zu sichern und zu kolonisieren, siedelten die Könige die Benediktinerklöster Ellwangen (764), Feuchtwangen (vor 768), Herrieden (um 770) und Mönchsroth (um 1135) an, die wie die Königshöfe landwirtschaftliche Musterbetriebe waren. Eingebunden in das *Franconia benedictina* konnte Dinkelsbühl von seiner zentralen Verkehrslage zwischen diesen Klöstern profitieren.

Mitte 9. Jh. Die Besiedlung der südlichen Krondomäne verdichtete sich. Vermutlich wurde in Mönchsroth an der Rotach noch unter dem Karolingerkaiser Ludwig dem Frommen eine Königskirche gegründet, die vierhundert Jahre später Dinkelsbühler Mutterkirche Dinkelsbühls werden sollte.

Ausbau in der Sachsenzeit

928 Nach dem Dynastiewechsel wurde nun der Königshof als königlich sächsisches Hausgut vermutlich neu befestigt. Wegen der auf der *Nibelungenstraße* von Osten vorstoßenden Ungarn, richtete man möglicherweise an den drei Ausfallwegen ein Warnsystem mit Beobachtungstürmen ein: die Hohwart (heute ist dort eine Gaststätte), die Salwart (heute ein Stadtmauerturm) und eine Warte beim abgegangenen Äußeren Rothenburger Tor (am Loderweg/Bleichweg). Auf das chronikalisch überlieferte Jahr 928 bezog sich die 1928 grandios begangene Tausendjahrfeier.

Befestigungssage *Martin Zeiller erzählt 1643 in Merians Topographia Sveviae, dass Kaiser Heinrich I. wegen der Ungarnüberfälle Städte bauen ließ: „Ist auch dises Oppidum Villicum, wie es in dem alten Secret Insigel genant wird, mit einfachen Mauren zu umgeben angefangen worden ...“*

Alte Kapelle und Dinkelbauer

1. Hälfte 10. Jh. Zu dieser Zeit wurde wahrscheinlich im Zentrum des Königshofs die Alte Kapelle als Hofkapelle erbaut. Eine Weihe oder ein Patronat sind unbekannt, sie hatte eine Totengruft und wurde wegen ihrer ursprünglichen Bedeutung beim Erweiterungsbau der dicht anstoßenden Klosterkirche St. Katharina um 1441 nicht abgetragen. Der Abbruch der ca. 13 m langen und 8,5 m breiten Kapelle erfolgte erst 1839 wegen des Neubaus der *Protestantischen Hauptkirche*, der heutigen St. Paulskirche. Der zeitgenössische Chronist Johann Matthäus Metzger bezeichnete sie seinerzeit als *ältesten Bau der Stadt*.

Stadtgründungssage *Die „Historische und statistische Beschreibung des Rezatkreises" berichtete 1810: „Alten Sagen nach stund an der Seite des jetzigen Karmeliterklosters in den ältesten Zeiten ein Bauernhof, dessen Besitzer sich auf den Bau des Dinkels oder Spelz hauptsächlich verlegte und daher der Dinkelbauer genannt wurde. Oft übernachteten bei dem gastfreundlichen Dinkelbauern, der zur benachbarten Kirche Segringen pfarrte, fromme Wallfahrer und Mönche. Neben der Wohnung derselben wurde nach jener Zeiten Sitte, bald eine kleine Kapelle erbaut, die noch jetzt gezeigt wird – mehrere siedelten in der Nachbarschaft des Dinkelbauern an, und von der Lage dieser Ansiedlungen auf der Anhöhe, dann der Art des Getreidbaus, der dort vorzüglich in Betrieb stund, wurde der Ort Dinkelsbühl genannt. Reich an Gütern und Nachkommen stiftete der Dinkelbauer endlich ein Kloster, das jetzige Karmeliterkloster, an dessen Kirche denn auch, auf der östlichen Seite, noch sein Bildnis in Stein gehauen mit der Umschrift: ‚dis Kloster und die Stadt von mir den Namen hat' zu sehen ist ...“*

Dinkelbauer im ehemaligen Klosterhof (Foto: Lala Aufsberg, 1961).

Die Karmeliterbrüder pflegten eifrig die Sage, sie seien die eigentlichen Stadtgründer. Beim jährlichen Scapulierfest führten sie im Umzug eine Dinkelbauerstatue mit und kostümierten ein Kinderpaar als Dinkelbauer und seine Bäuerin. Tatsächlich war die Siedlung Dinkelsbühl aber schon eine Reichsstadt, als sich die Würzburger Karmeliter um 1290 niederließen.

An der Klosterkirche hatten sie zur konkurrierenden Stadtpfarrkirche hin eine Dinkelbauerfigur angebracht, unter der geschrieben stand: *Das Kloster und die Stadt von mir den Namen hat.* Nach dem Dreißigjährigen Krieg wurde sie in den Kreuzgang an die sogenannte Dinkelbauerkapelle der Klosterkirche versetzt. Ein zweites Dinkelbäuerlein befestigten die Brüder 1703 am Ostflügel des Klosterbaus, heute steht dort eine Replik. Ein anderer Dinkelbauer erhielt 1868 seinen Platz in die Laterne eines neugotischen Brunnens am Münster. Er wurde abgerissen, die Figur hat heute ihren Standort im Stadtpark.

Der wahre Kern der Sage ist, dass die Karmeliter das Kloster im einstigen Königshof gründeten, gleichsam im Hof des Dinkelbauern, und sie den Platz von der Reichsstadt Dinkelsbühl als Rechtsnachfolger des Gutsverwalters geschenkt bekamen, vom Dinkelbauer „Tingolt".

Domänenteilung in der Salierzeit

2. Hälfte 11. Jh. Nach dem Aussterben des sächsischen Königshauses fiel die Domäne Dinkelsbühl an die Salier. Eine kleine Händler- und Handwerkersiedlung dürfte bereits vor dem Villator in der hochwasserfreien Steingasse und der parallel dazu verlaufenden Segringer Straße bestanden haben.

um 1080 Unter dem Salierkönig Heinrich IV. wurde die südliche Dinkelsbühler Königsmark dreigeteilt. Er belohnte die rheinfränkischen Adeligen von Leiningen (Mönchsrother Teil) und die mainfränkischen von Prozelten (Wörter Teil). Die davon abgetrennte Dinkelsbühler Villamark blieb in Königshand und wurde von einem Ministerialen, einem Königsbeamten, verwaltet.

Die Stauferstadt

1125 Nach dem Aussterben der salischen Herrscherdynastie erbte der Kaiserneffe, der Herzog von Schwaben Friedrich von Hohenstaufen, das Dinkelsbühler Land. Er weigerte sich, die salischen Königsgüter an den nachfolgenden Sachsenkönig Lothar III. weiterzugeben, sodass Dinkelsbühl für mehr als 125 Jahre dynastisches Eigengut der Staufer war.

Im Ringen um die Königsmacht zwischen den Staufern und Sachsen-Bayern wurde Dinkelsbühl wegen seiner verkehrsgeografischen Lage an der Kreuzung von Rom- und Nibelungenstraße strategisch bedeutsam. Es lag im Sperrriegel, der von den staufischen Hausgütern in Schwaben bis zum Reichsland um Nürnberg und Eger reichte, und der Sachsen und Bayern voneinander trennte. Dinkelsbühl lag in Tagesmarschentfernung südlich von der Stauferpfalz Rothenburg und wurde zur Großburg ausgebaut.

Frühstaufischer Mauerturm mit Schießscharte zum einstigen, seit ca. 1400 eingefüllten Stadtgraben. Innenansicht im Kellerraum von Schreinersgasse 9 (Foto 1994).

Durch die Bedeutung für die staufische Hausmachtpolitik war der Aufstieg Dinkelsbühls zur Stadt vorgezeichnet. Planvoll wurden das Villaareal und die angewachsene dörfliche Siedlung mit einem gemeinsamen Graben umzogen. Allerdings entstand der Mauerring über mehrere Generationen als Flickwerk. Seine Baureste bestätigen ein *Burgum*, das sich im heutigen Straßengefüge mit einer eirunden Befestigungslinie abzeichnet. Durch die bereits bestehende Siedlungsteile bedingt, trafen die Torstraßen nicht in der Ortsmitte zusammen, es entstanden sehr unterschiedlich große Viertel, und anstatt eines rechteckigen Marktplatzes ergaben sich Marktstraßen. Für den Statthalter errichtete man vermutlich einen steinernen Wohnturm beim späteren Berlinhaus/Altes Rathaus.

Der Furtweg der Wörnitz wurde durch eine Holzbrücke ersetzt, und wahrscheinlich baute man im Burgum zwischen Furt- und Brückenweg die Tauf- und Friedhofskapelle St. Johannis, die im 14. Jh. mit der St. Vituskapelle aufgestockt und als Doppelkapelle mit Beinhaus genutzt wurde. Ruinös geworden, brach man sie um 1624 für den Bau des Kapuzinerklosters ab. Zur Erinnerung steht an ihrer Stelle ein Kruzifix.

Befestigungssage Martin Zeiller erzählt 1643 in Merians Topographia Sveviae, dass *„umms Jahr Christi 1226 doppelte, neben den Wällen und gefütterten Gräben, und zugleich diser Ort mit 24 in einer schönen proportionirten Ordnung dazwischen stehenden Hauptthürm bevestiget und außgebawet worden."*

Ursulakirche – Marktrecht

Vermutlich 1135 Das einstige Süddomänenland wurde von ihren Herren verteilt. Die fernab herrschenden Adelsherren von Leiningen und von Prozelten stifteten Land für die Gründung des Benediktinerklosters Roth/Mönchsroth. Zu dem Filialkloster Hirsaus gehörten die Kirchen von Roth und Segringen und damit auch die Dinkelsbühler Kapellen.

1142/1146 Nun wurde im befestigten Stauferort Dinkelsbühl neben der Tauf- und Friedhofskirche St. Johannis eine kleine

Steinkirche erbaut, die wahrscheinlich St. Ursula geweiht war. Der Dinkelsbühler Kirchenzehnt ging an die Mutterpfarrei Segringen, die bereits unter Hirsauer Patronat stand.

Mit Einrichtung der Filialpfarrei erhielt das Burgum Dinkelsbühl vermutlich das Marktrecht mit einem Wochenmarkt. Mit den Gebühren für den Warenumschlag und dem Torzoll für Durchfahrende entwickelte sich ein Steuerwesen.

Ministerialenhaus

In diese Zeit fällt wohl auch der Hausbau am Altrathaushügel, in dem der königliche Amtsträger wohnte, der Ministeriale. Die Kellermauern des Berlinhauses/Haus der Geschichte sind am Kelleraufgang zum Hof und zum Wörnitztor 2,80 m stark.

Die Berlin beglaubigten als führendes Geschlecht mit ihrem Siegel im *Steinhaus* 1361 eine Urkunde. Der aus Wäldershub zugezogene Landadel war dort noch im 17. Jh. reich begütert.

Die massive Mauerwand des Kellerabgangs im „Steinhaus", dem Berlinhaus (Foto 2005).

Kaiser Barbarossas Ehevertrag 1188
Erste urkundliche Nennung

1188 Der Stauferort Dinkelsbühl ist in einer urkundlichen Nennung 1188 als *Burgum tinkelspuhel* genannt. Kaiser Friedrich I., Barbarossa, wollte aus machtpolitischen Gründen seinen 19-jährigen Sohn Konrad, Titularherzog von Rothenburg, mit der achtjährigen Erbprinzessin Berenguela (latinisiert Berengaria) des Königreichs Kastilien verheiraten. Im Ehevertrag, dem *pactum matrimoniale* vom 23. April 1188, wurde staufisches Eigengut in Franken und Schwaben als Morgengabe vereinbart. Auch Dinkelsbühl mit allen seinen dazugehörenden Besitzungen sollte der Witwenversorgung dienen.

> **Pactum matrimoniale** *Der Vertrag unterscheidet in seiner Beschreibung der staufischen Eigengüter (Allodien) kastrum (Burg), burgum (befestigter Ort) und predium (Landgut). Als Orte sind unter anderem genannt: Kastrum Rotenburch (Rothenburg), Burgum Wicenburch (Weißenburg), Burgum tinkelspuhel (Dinkelsbühl), Burgum ufkirchin (Aufkirchen) und das Predium burberch (Beyerberg).*

Ausschnitt der Nennungsurkunde von 1188, Ausfertigung von Cuenca. Unterste Zeile: Burgū tinkelspūhel. cū pt̄ (cum pertinenciis: Zugehörungen). Burgū ufkirchin (Aufkirchen). cū pt̄ . p̄diū in burberch (Beyerberg). c pt̄. (Foto aus: P. Rassow, Der Prinzgemahl, 1950).

Barbarossas Sohn Konrad reiste an den kastilischen Hof in Carrion und wurde Berengaria als Prinzgemahl festlich angetraut. Die Braut sollte innerhalb von zwei Jahren nach Deutschland ziehen und als Mitgift 42 000 Goldmünzen einbringen. Doch König Alfons VIII. schlug sich auf die Seite der bairisch-sächsischen Welfen, und dem nördlich vom staufischen Sizilien liegenden Vatikan, war nicht an einer Erstarkung der Staufer interessiert. Deshalb drängte der Papst darauf, die Ehe nicht zu vollziehen, sie wurde dann auch 1191 aufgelöst.

Zur Erinnerung an die Stauferzeit Dinkelsbühls steht in der Nördlinger Straße vor der St. Paulskirche seit 2013 eine achteckige Stauferstele, mit Ungenauigkeiten im Text (Foto 2017).

Romanisches Kirchenportal – Stadtstatus

um 1227 Der Turmunterbau des Münsters St. Georg lässt die Planung eines repräsentativen Kirchenbaus erkennen. Dies lässt auf einen Stadtstatus schließen – der Stauferkönig Heinrich (VII.) betrieb bekanntermaßen eine städtefreundliche Politik. Verwaltet wurde die königliche Stadt von einem *Minister,* als solcher bezeugt 1235, auch *Ammann* genannt. Mit der Stadtbildung muss gleichzeitig eine eigene Stadtmark aus der Villamark herausgetrennt worden sein. Rechts der Wörnitz wurde sie von einem Bachlauf mit Weiherkette begrenzt, links der Wörnitz umschloss sie den Hügel, der 1306 als *burgbuhelin* bezeichnet ist.

Inzwischen besaßen die Staufer das Vogteirecht über das Benediktinerkloster Mönchsroth und auch über die Pfarrei Segringen und damit über deren Tochterpfarrei Dinkelsbühl. Mönchsrother Klostereigentum wurde dann die Dinkelsbühler Kirche 1238 gemeinsam mit derjenigen von Segringen. Bereits 1227 hatte König Heinrich (VII.) zugesichert, die Klostervogtei nicht zu verpfänden. Das mag zum Bauwunsch einer repräsentativen Kirche geführt haben. Die gestiegene Bedeutung des Stauferorts Dinkelsbühl zeigt sich im Kampanile, dem damals vom Kirchenschiff abgesetzten Turm mit seinem eindrucksvollen Rundbogenportal und dreimal abgestuftem Säulengewände. Der Turmstil wird, wie die Segringer Mutterkirche, der Hirsauer Bauhütte zugeschrieben. Linksseitig sind am Turm Majuskeln eingraviert, vermutlich die Namen nicht zurückgekehrter Kreuzzugteilnehmer.

Der romanische, einst vom Kirchenschiff abgesetzte Kampanile (Foto: Lala Aufsberg, 1961).

Stauferburg am Altrathausplatz, Staufertor Wörnitztor
bis 1251 Spätestens in der Stauferzeit von 1227 bis zur Stadtverpfändung 1251 an die Grafschaft Oettingen fällt der Baubeginn einer Burganlage am Altrathaushügel. Der schmale Keller im *Arnoldhaus/Haus der Geschichte* hat eine 2,50 m starke Außenwand und bis zu 1,60 m starke Trennmauern der Vorratskammern.
Die Arnold dürften Nachfahren des Rothenburger Vogts und Truchsesses gewesen sein, die sich in Dinkelsbühl niederließen.

Als führendes Geschlecht beglaubigten sie mit ihrem Siegel 1376 im *Steinhaus* eine Urkunde.

Auch die erhaltenen Buckelquader am Wörnitztor und an der Stadtmauer in der Spitalgasse zeugen vom spätstaufischen Ausbau.

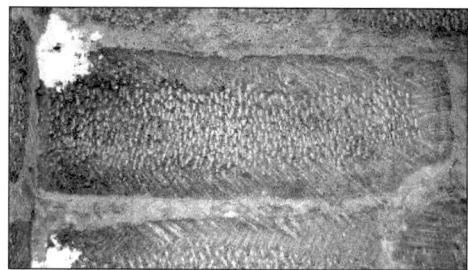

Staufischer Kellerstein im Haus der Geschichte in typischer Bearbeitung ab dem 12. Jh. (Foto 2008).

Staufischer Buckelquader der Stadtmauer in der Spitalgasse (Foto 2014).

An der Romstraße

1236, um 1500 Der Nord-Süd-Weg, die *Via Romea*, die in Bayern etwa der heutige *Romantischen Straße* entspricht, hatte als einer der wichtigsten mittelalterlichen Fernhandelswege für Rompilger im 13. Jh. und 14. Jh. stark an Bedeutung gewonnen. Auch in der Romweg-Karte von Etzlaub, entstanden um 1500, liegt *Dinkelspuhel* auf einer der Nord-Süd-Routen.

Reiserouten über Dinkepole und Deingilsby *In einem Reisepla-
ner für Rompilger zählte 1236 Abt Albert, aus dem Benediktinerkloster Stade an der Nordsee stammend, die Meilen-
entfernungen zu den Übernachtungsstationen seines Rück-
wegs aus dem Süden auf. Er überquerte die Donau bei
Donauwörth: „4 Offinge, 3 Dinkepole, 4 Rodenborch".
Damals führte die Straße aus dem Ries über Mönchsroth
kommend durch das Nördlinger Tor in die Stadt.
Richter Haukr aus Island beschrieb 90 Jahre später die
Route vom Norden aus Ochsenfurt kommend: „til Rotin-
borg 5 mylur, til Deingilsby 5 mylur". Er kam entlang der
Wörnitz durch das Rothenburger Tor in die Stadt.*

Bürgerschaft in Bann und Pfand

1240 Dinkelsbühl war eine staufische Königsstadt mit verant-
wortlicher Bürgerschaft. Als Papst Gregor IX. den Kirchenbann
über Kaiser Friedrich II. verhängte, wurde dieser 1240 auch den
Bürgern, den *cives* von *Dünkelspuhel,* verkündet. Sie hatten
nämlich den kaiserlichen Romzug unterstützt. Als Königsstadt
war *Dinckelspuel* um 1240 in der staufischen Reichssteuerliste
mit 40 Mark (Gewichtseinheit) Silber veranlagt.

1251 Der jähe Niedergang der Stauferdynastie gefährdete die
Kronzugehörigkeit Dinkelsbühls. Der Stauferkönig Konrad IV.
verpfändete wegen des Gegenkönigs und seines Italienkriegs-
zugs die *civitas Dinckelspühl* 1251 an die Grafschaft Oettingen.
Tückischerweise war der Vertrag so abgefasst, dass sich Dinkelsbühl nur gemeinsam mit den anderen Pfändern freikaufen
konnte, die Stadt musste deshalb bis zum Ende der kaiserlosen
Zeit 1273 in Oettinger Hand bleiben.

Da die Reichsoberhäupter weiterhin ihren Finanzbedarf durch
Verpfändungen abdeckten, versuchten die Pfandherrschaften
ihr Territorium auf diese Weise auszubauen. Die Grafen von
Oettingen als hartnäckigste Dinkelsbühler Gegner und die
Nürnberger Hohenzollern-Burggrafschaft als bedeutendste
Macht Frankens wollten in den Besitz der Stadt gelangen. Din-
kelsbühl löste sich noch dreimal aus der Pfandschaft, zuletzt
1351.

Von der Reichsstadt zum Stadtstaat

Dinkelsbühl wird Reichsstadt

Neben den adeligen Territorialherrschaften begann sich Dinkelsbühl zu einem republikanischen Stadtstaat zu entwickeln. Bürgermeister und Rat übten eine genossenschaftliche Selbstverwaltung aus und unterstanden unmittelbar – ähnlich wie die Fürsten – dem König als Reichsoberhaupt.

Von der Bürgerschaft konnte allerdings nur die Mittelschicht durch eine gewisse Wahlbeteiligung die Zusammensetzung der ratsfähigen Herren beeinflussen. Alle Bewohner waren der Obrigkeit und den von ihr erlassenen Stadtverordnungen Gehorsam schuldig. Pflicht der Vollbürger war es, Steuern nach Selbsteinschätzung zu zahlen, die Stadt zu verteidigen, Wacht zu halten und im Brandfall bereit zu stehen. Dagegen war das Stadtregiment wiederum verpflichtet, einvernehmlich mit den Bürgern zu regieren, die errungenen Reichsfreiheiten zu behaupten und zum Nutzen des Gemeinwohls in allen Lebensbereichen zu handeln. Ziel der aufgestiegenen, ehrgeizigen Geschlechter war es, die völlige Souveränität einer Stadtrepublik zu erlangen.

1274 Die Wahl des Habsburgers Rudolf I. zum deutschen König beendete nicht nur die kaiserlose Zeit, sondern auch die Verpfändung Dinkelsbühls an die Grafschaft Oettingen. Er brachte die entfremdet gewesene staufische Königsstadt Dinkelsbühl 1274 als *Unser und des riches stat* an das Reich zurück. Als Reichsstadt war sie unmittelbares Glied des Reichs.

Als Gegenleistung durfte die junge Reichsstadt keine Oettinger Untertanen als Pfahlbürger – vorläufige Bürger mit minderen Rechten und Pflichten – aufnehmen. Dinkelsbühl war 23 Jahre lang oettingische Landstadt gewesen, in denen enge Bindungen gewachsen waren. *Stadtluft macht frei*, hieß es bereits seit dem vorigen Jahrhundert, und ein Leibeigener konnte auf diesem Weg die persönliche Freiheit erlangen, wenn auch nur als Lohnarbeiter, der soziale Aufstieg war meist verwehrt. Um Vollbürger zu werden, waren Besitz und zwei städtische Bürgen Voraussetzung, man musste Einbürgerungsgeld bezahlen, es wurde die Waffe zur Stadtverteidigung festgelegt und schließlich der Bürgereid geschworen.

> *1536 Der Burger Aidt Willst du Bürger werden, so musst du geloben bei handgegebener Treu und dazu schwören einen vorgesprochenen Eid zu Gott dem Allmächtigen, mit hochgehobenen Fingern einem Ehrbaren Rat dieser Stadt getreu, bereit und gehorsam zu sein, ihr Gesetz, Gebot, Verbot und Ordnung zu halten, auch ihren und der gemeinen Stadt Frommen, Ehr und Nutz zu fördern, Schaden zu warnen und zu wenden; unsern allergnädigsten Herrn, den Römischen Kaiser und König als Herrn anzuerkennen wie wir ...*

Am Ende der kaiserlosen Zeit griffen die wohlhabenden Familien nach der Macht und eigneten sich Teile des Stauferguts an. Wirtschaftlich und politisch führend, bildeten sie die soziale Oberschicht. Unter ihnen befanden sich die Arnold, Berlin, Döner, Hofer, Prell und Wernitzer. Die etwa ein Dutzend Familien waren meist landbesitzende Geschlechter aus umliegenden Ortschaften. Unter ihnen wurden zwölf *consules* bestimmt, denen in der Stadtverwaltung und im Gericht ein königlicher Minister vorstand.

König Rudolf I. weilte 1274 und 1285 in Dinkelsbühl und erteilte seiner jungen Reichsstadt erste Privilegien. Das allgemeine Gerichtsstandsprivileg für Reichsstädte bedeutete, dass Stadtbürger bei Zivilstreitigkeiten vor keinem auswärtigen Gericht erscheinen mussten.

Der königliche Minister übte als Stadtvogt zuerst noch die niedere und hohe Gerichtsbarkeit, den Blutbann, aus. Bald nach der Jahrhundertwende wurde er allerdings in seiner Funktion beschnitten und sank schon hundert Jahre später zum städtischen Vollzugbeamten bei Gericht ab.

Bis zum Ende des Mittelalters brachten weitere Privilegien eine weitgehende Unabhängigkeit von König und Kaiser, ausgenommen blieben die Reichssteuer und die Reichsheerespflicht.

Im Wechselspiel der Regierungsformen

Bei der Entwicklung zum autarken Stadtstaat wechselten die Machtverhältnisse in Stadtregierung und Verwaltung mehrmals, bis schließlich 1802 das Kurfürstentum Bayern die Reichsstadtherrlichkeit beendete: Bürgerschaftliche Ratsoligarchie, Ammann-Regierung, Bürgeradelige Ratsoligarchie, teilparitätische Zünfte-Geschlechter-Regierung, Schwäbische Reichsstadt-Verfassung, Evangelische Ratsregierung, Katholische Ratsregierung, Paritätische Ratsregierung nach Beendigung des 30-jährigen Kriegs.

1305 Bürgerschaftliche Ratsoligarchie Den Geschlechtern gelang es, von König Albrecht I. von Habsburg ein entscheidendes Privileg zu erhalten. Dinkelsbühl erhielt alle Rechte, deren sich die Bürger Ulms erfreuten: *omnia iura, quibus cives nostri de Ulma gaudent.* Die Stadt mit etwa 1500 Einwohnern verwaltete sich nun autonom als bürgerschaftliche Ratsoligarchie mit einem Bürgermeister und 63 ratsfähigen, gewählten Bürgern. Das Ratskollegium konnte Satzungen in allen Bereichen erlassen, sofern sie nicht die Rechte des Königs als Stadtherrn berührten. Der Reichsammann hatte die Gerichtsgewalt, jedoch waren ihm zwölf *iurati* aus dem Rat als bürgerliche Schöffen beigegeben.

Bürgersiegel Bezeichnenderweise entsteht in der Amman-Regierung „der burger zeichen", ein Bürgersiegel ohne den Reichsadler. Das Siegel von 1341 zeigt in einem Spitzschild drei Dinkelähren und die Umschrift „SIGNUM DKELSPUHEL" (Foto 2019).

1341 bis 1351 Oettingische Ammann-Regierung In dieser Zeit befand sich Dinkelsbühl in Oettinger Pfandschaft und wurde von einem gräflich-oettingischen Ammann verwaltet. Der Bürgersinn erstarkte, wie das Bürgersiegel zeigt.

1351 Ratsoligarchie der Geschlechter Das wiederholte Ringen mit den Grafen von Oettingen um die reichsstädtische Freiheit endete 1351, auch die weiteren Versuche Oettingens scheiterten. Nachdem sich die Reichsstadt mit einer hohen Summe selbst aus der Pfandschaft freigekauft hatte, gewährte König Karl IV. von Luxemburg *Unsern lieben Getreuen, den Burgern*, den Reichsammann selbst zu wählen, wodurch der Rat innenpolitisch unabhängig wurde. Das Hochgericht, der Blutbann, blieb allerdings noch Reichssache. Erst 1398 erreichte man von König Wenzel, dass der Bürgermeister dem Ammann den Blutbann verleihen durfte. Danach lag die gesamte Justiz in Händen der Stadt, sie war das Machtinstrument, ein Territorium zu beherrschen.

Die nach der Pfandauslösung neu gebildete Stadtregierung blieb jetzt auf die Geschlechterschicht der *Besseren* beschränkt, der Landbesitzer und Kaufleute. In dieser bürgeradeligen Ratsoligarchie gab es vermutlich einen Kleinen Rat mit zwölf geschäftsführenden Männern und einen halbierten Großen Rat mit 32 Kleinhändlern des Mittelstands, der im Netzwerk der *Besseren* kaum politische Möglichkeiten hatte. Auf dem Altrathaushügel überbauten die Regierenden die Grundmauern der Stauferburg mit Steinhäusern, in denen sie Urkunden besiegelten. Traditionsbewusst legte man hier das neue reichsstädtische Machtzentrum an.

Die Alleinherrschaft der wenigen vermögenden Familien, die sich mit den Geschlechtern anderer Städte versippten und vom gemeinen Handwerker und Bürgersmann abgrenzten, musste zu sozialen Spannungen führen.

Fastnachtsrevolte der Handwerker

1387 Teilparitätische Zünfte-Geschlechter-Regierung Die Einwohnerschaft war auf 3 500 Menschen angewachsen. Um 1300 hatte man bereits die Stadtkirche St. Ursula auf das Dreifache vergrößern müssen und sie St. Bartholomäus geweiht, aber schon zwei Jahrzehnte danach begann man erneut mit einem Bau. Die wieder dreimal größere Kirche wurde erstmals St. Georg geweiht.

Auch die Stadtbefestigung musste erweitert werden. Bereits ab etwa 1314 hatte man vor den staufischen Mauern einen weiteren Graben gezogen und die geschützte Stadtfläche provisorisch vergrößert. Viele Handwerker und Bauern hatten ihre Hütten und Häuser längst in den Vorstädten zwischen diesem Äußeren Stadtgraben und der staufischen Stadtmauer gebaut. Die notwendig gewordenen Städtebündnisse und der einsetzende Städtekrieg gegen die Fürstenstaaten ängstigten die Vorstädter. Dementsprechend baute man die Befestigung ab ca. 1370 mit einem doppeltem Graben und einer Stadtmauer aus. Man musste zwar die Befestigungslinie zurücksetzen, aber die ummauerte Stadt wuchs auf die dreifache Fläche der Stauferstadt an. Es war eine Stadtmauer mit Türmen und Toren zu bauen, die dafür zu erbringenden Leistungen belasteten vor allem die weniger begüterte Bürgerschaft.

Hingegen brachte das Messestadt-Privileg Kaiser Karls IV. von 1360 den Handwerkern wirtschaftlichen Aufschwung, was ihr Selbstbewusstsein stärkte.

Um über das städtische Bürgerleben problemlos bestimmen zu können, hatten die Geschlechter ihre Führungsrolle bedenkenlos genutzt und dem Handwerk eine berufsgenossenschaftliche Zunftbildung versagt. Die Spannungen bauten sich zwischen den finanzkräftigen, ratsfähigen Familien und Händlern einerseits und der aufstrebenden Handwerkerschicht samt Gesellen und Taglöhnern andererseits auf. Der soziale Gegensatz verschaffte sich in spontanen Zusammenrottungen bewaffneter Bürger Luft, es kam zu *Stößen, Zweiungen, Misshellungen und Aufläufen*. Sie mündeten am Faschingsdienstag 1387 in einer Revolte. Vielleicht hatte man bewusst auf diesen Zeitpunkt gewartet und die Gesichter vermummt, zumindest war laut späterer Ratsprotokolle die Faschings-Mummerei in Dinkelsbühl strengstens verboten. Wahrscheinlich versammelten sich die Aufständischen auf dem Altrathausplatz und blockierten die

Eingänge der Steinhäuser, wo die Elite beisammensaß. Man erzwang von den in der Falle Sitzenden die Mitregierung. Der Druck muss groß gewesen sein, innerhalb weniger Tage gab sich die Reichsstadt eine neue, wohl schon vorbereitete Verfassung. Beraten und beschlossen wurde sie von einem rasch gebildeten Neunerausschuss *aus uns allen*, nämlich aus vier *Alten* und fünf Handwerksleuten. Letztere waren bereits in der Überzahl.

> *Richtungsbrief vom „gailen Montag"* Die neue Verfassung, der „stat richtung brief", beginnt mit den Worten: „Wir, die raet großer und cleiner, und alliu gemeind, beid, rych und arm der stat ze Dinckelspuehel bekennen fuer uns und fuer uns nachkommen offenlichen mit disem brief vor allermaennelich [jedermann] daz wir ainhelliglichen mit vereintem rat aller stoezz, zwaiung, misshellung und uffleuf, die under und zwischen uns gewesen sint bis uff hiut diesen tag [...] beendet haben."

Mit der neuen Verfassung, einer breit angelegten, repräsentativen Zünfte-Geschlechter-Republik griffen die Handwerker nach der Macht und demokratisierten gewissermaßen die vorherige Geschlechter-Oligarchie. Ratsherr konnte nur werden, wer *hundert guldin* hatte oder *wert w*ar, was konservative Entscheidungen erwarten ließ. Zweckmäßigerweise waren bei den Zunftgenossen Ausnahmen zugelassen, die Zünfte konnten einen *wysen cluegen man*, der nicht so viel hatte, vorschlagen und vom Kleinen Rat bestätigen lassen. Bei den Ratsmitgliedern der alten Familien wollte man einer Vetternwirtschaft vorbeugen: Nicht mehr als zwei eines *geslehtz*, weder Brüder noch Vater und Sohn konnten gleichzeitig im Rat sitzen. Die Auswechslung eines Ratsherrn erfolgte jährlich vor Fastnacht.

Der verfassungsgebende Neunerausschuss hatte geschworen, alles zu ordnen *nach der stat und des landes ere, trost, nutz und frumen*. Bei seinem Rechtsspruch sollte es bleiben *on wider red*.

Das Stadtregiment bestand aus zwei Kammern, dem *Großen* und dem *Kleinen Rat,* wobei der Kleine Rat Teil des Großen Rats war. Der Neunerausschuss fasste den Beschluss, den regierenden Kleinen Rat paritätisch zu besetzen. Unseligerweise wurde die Idee zweier gegensätzlicher, aber gleichstarker Ratsfraktionen nach dem Dreißigjährigen Krieg aufgegriffen, was jedoch die Gesellschaft konfessionell irreparabel spaltete und die wirtschaftliche Entwicklung lähmte.

Richtungsbrief: Fastnachtsverfassung von 1387, Steingeschosskugeln aus dem Stadtgraben. Stadtarchiv Dinkelsbühl (Foto 2018).

Der Neunerausschuss teilte sechs Zünfte ein, aus denen je zwei Zunftmeister gewählt wurden. Aus diesen zwölf Zunftmeistern und zwölf Männern der alten Geschlechter bestand der *Kleine Rat*, der in den wöchentlichen Ratssitzungen regierte und *gewalt* hatte über *unser gebiet*. Von ihnen wurde je einer zum Bürgermeister gewählt.

Ein halbes Jahrhundert nach dem Handwerkeraufstand lassen sich die Schmiedezunft, Schneiderzunft, Schuster- und Lederzunft (Gerber), die Loder-, Weber-, Färberzunft (Tucher), die Bäckerzunft und die Metzgerzunft feststellen, denen jeweils weitere Handwerkszweige beigefügt waren.

Im *Großen Rat*, der über Dinge entschied, die den Gemeinen Bürgersmann besonders betrafen, wie Steuern, größere Baumaßnahmen und Kriegszüge, hatten die alten Familien so gut wie keinen Einfluss mehr. Ihren 12 Mitgliedern des Kleinen Rats saßen insgesamt 48 Zunftleute gegenüber, die 12 Zünftler des Kleinen Rats plus die 36 sogenannten *Sechser* der sechs Zünfte. Am jährlichen *Schwörtag* wurde der Richtungsbrief vom Fenster der Ratstrinkstube, gegenüber der Stadtpfarrkirche St. Georg, den versammelten Bürgern verkündet. Nicht nur die Bürgermeister, auch die wichtigsten Ämter wurden doppelt besetzt.

Die Zünfte-Geschlechter-Koalition regierte erfolgreich, was die Hausbauten, das Münster, das Heilig-Geist-Spital, der Ausbau der Stadtbefestigung und der Landerwerb des Stadtstaats eindrucksvoll belegen. Der mit der „Fastnachtsverfassung" erlangte innenpolitische Friede war mit der lutherischen Reformation und der einige Jahrzehnte später folgenden kaiserlichen „Katholischen Verfassung" mit Zunftverbot dahin. Der Religionszwist blieb in der gesamten Reichsstadtzeit irreparabel.

Als schwäbische Reichsstadt im Reichstag

1489 Reichskreiseinteilung Seit der Reichsreform 1489, in der die Reichstädte neben den Kurfürsten und Fürsten zum dritten Reichsstand aufgestiegen waren, konnte Dinkelsbühl auf den Reichstagen in der großen Politik mitbestimmen. Ein Machtzuwachs, der das Selbstverständnis des Stadtstaats veränderte. Überheblich stellte man sich im Reformationskampf sogar gegen den katholischen Stadtherrn Kaiser Karl V.

1512 Im Schwäbischen Kreis Bei der Einteilung in Reichskreise unter Kaiser Maximilian I. 1512 kam Dinkelsbühl als einzige Reichsstadt auf fränkischem Boden zum Schwäbischen Kreis. Die fränkisch-alemannische Sprachgrenze verläuft hier, die

Reichsstadt hatte die Ulmer Verfassung erhalten und lag im schwäbischen Bistum Augsburg. Erst nach dem Ende der Reichsstadtzeit wurde Dinkelsbühl durch die napoleonische Neuordnung 1806 bayerisch-fränkisch.

Stadtmark und Territorium der Stadtrepublik

Bedeutung und Umfang Dinkelsbühl hatte vom ausgehenden Mittelalter bis zum Ende des Alten Reichs innerhalb der Stadtmark meistens mehr als 4 000 Einwohner. Damit gehörte Dinkelsbühl als mittelgroße Stadt zu den 150 größten Städten Deutschlands. Zusammen mit den rund 5 000 Landuntertanen, war Dinkelsbühl ein bedeutender Stadtstaat. Mit seinem beträchtlichen Landbesitz nahm Dinkelsbühl in der Region nach Nürnberg und Rothenburg den dritten Platz ein. Grundbesitz, verbunden mit der Justizgewalt, war die Grundlage politischer Macht.

Die Stadtgrenze verlief seit 1467 nur etwa 2 bis 3,5 km von der Stadtmauer entfernt, aber die Stadt hatte Streubesitz im Umland. Südwestlich der Stadt erwarben die Werntzer 1395 das Dorf Wört mit Burg als geschlossenes Landgebiet. Durch den Kauf von Wilburgstetten/Limburg mit Greiselbach und weiteren vier Orten südöstlich der Stadt vergrößerte sich 1431 das Territorium. Hierfür brachten zehn Bürger gemeinsam die Finanzmittel auf. *Zu einem stäten ewigen kauff* gaben sie den Besitz einen Monat danach *den Ersamen Weisen unsern lieben Herren, den Burgermaistern Rate und burgern gmeinlich der Stat zu Dinckelspühel und allen Iren nachkommen.*

An einem Landbesitz war Dinkelsbühl mehr als 150 Jahre lang in einer Dreiherrschaft beteiligt. Das am Jagstübergang gelegene Kirchheim mit Burg sowie der Ort Ilshofen gelangten als nicht ausgelöstes hohenlohisches Pfand in die Hand einer Interessengemeinschaft von sieben Reichsstädten, und schließlich 1399 in den alleinigen Besitz der drei Reichsstädte Rothenburg, (Schwäbisch) Hall und Dinkelsbühl. Die erworbenen Orte lagen während der Städtekriege strategisch günstig in der Mitte des Städtedreiecks. Die beiden Ämter mit rund 350 leibeigenen Untertanen wurden bis 1562 gemeinsam durch Ober- und Untervögte verwaltet. Dinkelsbühl führte jedes dritte Jahr die Verwaltungsgeschäfte.

Ein weiterer Zuwachs an Territorialherrschaft – wenn auch nicht als Landbesitz – erfolgte wiederholt, endgültig 1447 mit der Schirmherrschaft der Deutschordensländereien. Der *Tewtsche Hof* war 1390 vom Spitalgelände wegen der Stadtmauererweiterung vom heutigen Rothenburger Tor auf den Platz des jetzigen Schlosses am Deutschhofberg verlegt worden. Im 17. Jh. waren dem Obervogteiamt Dinkelsbühl die Ämter Belzheim, Erzberg, Schneidheim und Weidelbach mit über 200 Untertanen unterstellt.

Insbesondere jedoch schlug der umfangreiche Dinkelsbühler Streubesitz zu Buche, der zwar in die umliegenden Herrschaftsgebiete eingebettet lag, aber die direkte Machtausübung der Stadtrepublik auf etwa 15 km im Umkreis ausdehnte. Nicht zuletzt deshalb blieb Dinkelsbühl während der Reichsstadtzeit die bedeutendste Stadt der Region.

Güterbeschreibungen
Die letzte Güterbeschreibung des Landbesitzes im Stadtarchiv Dinkelsbühl wurde 1750 begonnen. In vier Bänden mit über 7000 Seiten sind die Orte alphabetisch aufgelistet. In einem Zusatzband sind die Güter der Reichalmosenpflege, der Siechen-, Hinteren Stuben-, Seelhaus- und St. Leonhardspflege aufgeführt. Nicht enthalten sind die Güter der Evangelischen und Katholischen Kirchenpflege (Foto 2019).

Der Aufstieg zur Territorialmacht erfolgte mit dem Besitz der vermögenden Geschlechter, durch umfangreiche Stiftungen sowie eine gezielte Erwerbspolitik des reichsstädtischen Magistrats.

Landerwerb durch Geschlechter Den Grundstock des Territoriums brachte frühzeitig der ratsfähige und im Umland begüterte ehemalige Landadel, der seine Besitzungen abgabepflichtigen Bauern überließ. Finanzkräftig geworden, legten sie in der 2. Hälfte des 13. Jh. ihre Gewinne an, indem sie zusätzlich Liegenschaften, Dörfer, Kirchensätze oder den Zehnten erwarben. Allerdings verkauften sie bis zum Ende des Mittelalters neben Einzelgütern auch ganze Dörfer wie Wittelshofen, Bernhardsweiler und Unterdeufstetten. Auch wohlhabend gewordene Handwerker erkannten Bauernhöfe als gute Vermögensanlage.
Durch den Kauf kam der Landbesitz unter die Grundherrschaft der Reichsstadt. Laut Güterbeschreibung von 1750 waren nur mehr 20 Güter in bürgerlicher Eigenherrschaft.

Landerwerb durch Stiftungen Daneben wurden die grundherrschaftlichen Rechte an Mühlen, Fischwässern, Waldungen, Wiesen und Äckern durch die mittelalterliche tiefe Frömmigkeit in den städtischen Stiftungen vermehrt. Danach besaß das um 1280 gegründete Heiliggeistspital 427 Güter, die Reichalmosenpflege 108, die Siechenpflege 96, weitere Güter hatten die Evangelische und Katholische Kirchenstiftungen oder das um 1285 gegründete Karmeliterkloster.

Umfang Insgesamt gab es außerhalb der Stadtmark einschließlich der 91 Güter des Ratsamts 997 Anwesen in 172 Örtlichkeiten. Sie brachten neben Zinsen und Hand- und Spanndiensten vor allem Abgaben von Naturalien. Im Durchschnitt waren das jährlich jeweils mehrere hundert Malter Korn, Dinkel und Hafer, mehrere 1 000 Hühner und Eier. Dazu kamen die mehr als 20 Dorfzehnten, die eben so viel Getreide in die städtischen Scheunen einbrachten.

Landerwerb durch Ratspolitik: Stadtmark und Landhege Vergleichsweise spät, erst nachdem Dinkelsbühl nicht mehr staufisch,
sondern seit 1274 Reichsstadt war, konnte der Magistrat Erwerbspolitik betreiben. Die danach hinausgeschobene Stadtgrenze umfasste eine geschlossene Stadtmark von etwa 15 km^2
bei einer etwa 17 km langen Grenzlinie.

1323 Das dafür entscheidende Privileg erreichte der Rat von König Ludwig dem Bayern: Dinkelsbühl erhielt die freie Verfü-
gungsgewalt über den Boden *der gemein* und durfte städtischen Grund verkaufen und stattdessen anderen erwerben. Damit gelang es, in zwei Jahrzehnten eine größere geschlossene
Stadtmark zu gewinnen.

*Bei der Grenzziehung nutzte man die natürlichen Gegeben-
heiten von Bachläufen und Weiherketten. Wo Bäche fehl-
ten, wie im Mutschachwald, dem ehemaligen staufischen
Wildbannbezirk, und wie im Nordwesten der Stadt, wurden
zwei Landgräben mit einer Gesamtlänge von 3950 m angelegt. Wall und Graben waren ca. 13 m breit, der Wall über
2 m hoch und mit Gebüsch zwischen regelmäßig gesetzten
Eichen- und Birnbäumen bepflanzt. 1429 musste an der
„Heg" der „Landgrab" repariert werden.*

1476 Die Gemarkungsgrenze der Reichsstadt wurde dann durch
ein Privileg Kaiser Friedrich III. von Habsburg staatsrechtlich ab-
gesichert. Die Mark wurde zum unveräußerbarem städtischen
gepiett erklärt. Sie war Bestandteil der genossenschaftlich organisierten Stadt, die Bewohner in der Mark zählten wie die Bewohner innerhalb der Mauern zu den Städtern.

*Gemarkungsprivileg Im Gemarkungsprivileg von 1476 wird
neben verschiedenen städtischen Rechten wie Gerichtshoheit, Steuerrecht und Befestigungsrecht der Grenzverlauf
beschrieben: „Bei der Newen-stat an dem Weiher, der
Contz Tewrer gehört hat, das Tal hinaus bis Botzenwyler an
der Wydenmänin oberen Weiher, zum Wyssen creutz, das
an der Straße nach Nürmberg steht, zum Murlins buchel,*

*zum Schuchkauff, zur alten marck, zur Werntz, nach Vel-
den, dem Heiligen Bach hinauf bis zum Heiligen prunnen,
zum Grund, genannt die Lang kling, zur Glögkelwiß, bis
zum Schlaiffweg, bis zur Hawßnersmul, das Tal und den
Weiher entlang bis zur unteren newen Radwangers mul, bis
zur Werntz und wieder bis zum Newenstetter Weiher."*

Der Grenzstein „Weißes Kreuz"
mit Sühnekreuz an der Bechhofener Straße, der einstigen
Nürnberger Straße (Foto 2019).

Reichsstadtbürger (Stadtuntertanen)
Reichsstadtbauern (Landuntertanen)

Das Dinkelsbühler Vaterland war geteilt in das Stadtgebiet, also
was innerhalb der Stadtmark lag, und in ein Territorium außerhalb davon, was die Stadtrepublik gesellschaftlich in Städter
und Landleute trennte, die unterschiedliche genossenschaftliche Rechte und Pflichten hatten. Die im Volk hervorgehobenen
Bürger und Bauern schworen einen Eid, dem Rat und der Stadt
die Treue zu halten und Schaden abzuwenden, beide Schichten
genossen den Schutz und Schirm der Stadt, waren der reichsstädtischen Gerichtshoheit unterworfen und waren der Ratsregierung als Obrigkeit untertan und deren Verordnungen zu Gehorsam verpflichtet. Ein wesentlicher Unterschied war der Aus-
schluss der Reichsstadtbauern von der Stadtregierung. Für die

Dörfer und den Dreibesitz mit Hall und Rothenburg gab es Sonderregelungen.

Stadtleute Mit ihrem erworbenen Bürgerrecht waren Bürger am Stadtregiment über die Ratsherren des Kleinen und Großen Rats indirekt beteiligt oder saßen selbst im Rat. Hingegen hatten die in der Stadt aufgenommenen Pfahlbürger mindere Rechte und Pflichten. Als Schutzgenossen aufgenommene Einzelpersonen (Kaufleute, Adlige) oder auch ansässige Juden zahlten jährlich einen Betrag, um ohne Pflichten den Rechtsschutz der Reichsstadt zu genießen. Ohne Pflichten, aber dem Stadtrecht unterworfen, waren auch das Gesinde oder sich vorübergehend aufhaltende Personen. Dagegen waren Geistliche und die Leute des Deutschordens von Leistungen frei und der Stadt gerichtlich nicht untertan.

Landleute Die verstreut außerhalb der Stadtmark lebenden Bauern bewirtschafteten ihre Höfe als Hintersassen der Reichsstadt. Sie waren Beständer gegen Geldzins, Abgaben in Naturalien oder auch Arbeit mit Hand und Tier. Als Landuntertanen zählten neben den Familienangehörigen auch die Knechte und Mägde oder „Hausgenossen" als Mitbewohner dazu, die der Meldepflicht unterlagen.

1476 Die älteste Bauernordnung Verwaltet wurde der Streubesitz vom städtischen Bauernvogt, der mit bewaffneten Stadtknechten Kontrollritte durchführte. In der Bauernordnung von 1476, der „Versammlung der gepawren auff dem lande, den harnasch geboten ist", sind 500 wehrpflichtige Bauern genannt, die mit Brustharnisch, Halskragen, Sturmhaube, Handschuh, Langmesser, Bogen, Spieß, Armbrust usw. ausgerüstet waren. Sie waren wohnortnah in Rotten gegliedert und unterstanden 63 ansässigen Hauptleuten, die der Stadt einen besonderen Eid geschworen hatten. Ihnen stand der Bauernvogt vor, der in jährlichen Wehrversammlungen die Bewaffnung an den fünf Orten Larrieden, Bergbronn, Wört, Wilburgstetten und Dorfkemmathen überprüfte.

Ratsgericht, Fünfergericht, Bauerngericht
Köpfstock, Galgen, Gefängnisse, Narrenhäuser, Pranger

Zur Aufrechterhaltung von Recht und Ordnung im Stadtstaat besaß Dinkelsbühl eine wohlgeordnete Justiz. Nicht nur kleinere Vergehen wie nächtliche Ruhestörung oder Schlägereien, auch Kapitalverbrechen wurden für die Stadt- und Landbevölkerung im *Stadtgericht* verhandelt. Dies war keine eigene Institution, es gab keine Gewaltenteilung. Die gewöhnliche Ratsversammlung hatte neben der gesetzgebenden und der ausführenden Gewalt auch die Richtergewalt. Ein Rechtsfall war lediglich ein Tagesordnungspunkt einer Ratssitzung. Zur Beratung wurden nach Bedarf die *Konsulenten*, die Ratsjuristen, sowie Ärzte und die Geistlichkeit hinzugezogen. Den Beschluss über das Strafmaß fasste die Ratsmehrheit.

Zur Entlastung des Gesamtrats gab es in der Stadt ein aus fünf Ratsherren bestehendes *Fünfergericht*, ein Schiedsgericht, das nachbarliche Streitigkeiten regelte.

Für die Landuntertanen bestand eine ähnliche Gerichtsinstanz, das *Bauerngericht*, das unter Vorsitz des Bauernrichters auf dem Rathaus tagte.

Ferner besaß das Heiliggeistspital für seine Lehensleute auf dem Land das Gerichtsrecht bei Streitigkeiten.

Der Köpfstock und der Galgen standen an der früheren Nürnberger Straße, heute Bechhofener Straße und Mutschachweg.

Neben den Gefängniszellen im Keller des Rathauses, im heutigen Haus der Geschichte, waren drei Stadtmauertürme zu Gefängnistürmen ausgebaut. Gefängniszellen waren außerdem im abgebrochenen *Amthaus* am Rothenburger Tor, am Platz des Altenheims, und über der Durchfahrt des Rothenburger Tors waren das Foltergewölbe und die *Drudenstüblein* für Hexen. Für Randalierer und kurzerhand in Untersuchungshaft gekommene hatte man drei Narrenhäuslein, eins davon lag unter der abgebrochenen Altrathausstiege am Ledermarkt. Der Pranger, wo man zu seiner Schande stehen musste, befand sich an der Hausecke der Ratstrinkstube, gegenüber vom Münsterportal.

Goldenes Zeitalter

Wirtschaftsblüte: Blausieder und Sichelschmied
14. Jh. bis zum Dreißigjährigen Krieg Grundpfeiler des städtischen Wirtschaftslebens war das Handwerk, wobei nebenher einige Stück Vieh im Haus gehalten oder ein Acker bestellt wurde. Den entscheidenden Wirtschaftsaufschwung und städtischen Wohlstand brachte der Handel dann vom ausgehenden 14. Jh. bis zum Dreißigjährigen Krieg. Neben den vermögenden, alteingesessenen Geschlechtern betätigten sich zunehmend Zunftleute, die mit ihrem Gewerbe zu Geld gekommen waren. Als *Verleger* besorgten sie Rohmaterial, ließen es verarbeiten und brachten die Waren in den Fernhandel. Hierbei waren das Tuch- und das Schmiedehandwerk führend, die einander zeitlich ablösten und dadurch über drei Jahrhunderte die Basis bildeten.

1323 Tuchprivileg mit Preisbindung für Schafwollweberei Das Textilgewerbe mit all seinen Verzweigungen wird bereits durch ein Privileg Kaiser Ludwigs des Bayern 1323 gefördert und in seiner überörtlichen Bedeutung bestätigt. Es betraf insbesondere die Wollenweber, die Grautuche und graue Loden herstellten. Das Privileg erlaubte die Geltung des Dinkelsbühler Stadtmaßes auch andernorts für die Dinkelsbühler *grauen Tuche*. Hiermit setzte Dinkelsbühl eine Preisbindung für seine Qualitätstuche fest. Die Produktion nahm vor allem im 15. Jh. zu, die Zahl der Loder verdreifachte sich auf etwa 75 Betriebe. Das Sortiment wurde erweitert. Ein Drittel bis zur Hälfte der Einwohner lebte von diesem Gewerbe, das von der Schafhaltung über das Spinnen, Weben, Walken und Scheren bis zum Färben reichte.
Die Leinenweberei hatte nur lokale Bedeutung.
um 1425 Barchentweberei Die Schafwolle wurde durch die importierte Baumwolle abgelöst, doch fasste die Barchentweberei in Dinkelsbühl wegen der wirtschaftsgeografisch schlechter gewordenen Lage erst spät Fuß. 1425 lässt sich ein Bleichmeister

nieder, die Bleiche und ein Bleichhaus werden eingerichtet. Aber der Barchent konnte nur für zwei Generationen bedeutendes Ausfuhrprodukt werden.

Neuzeit bis ins 20. Jh. Strickerei Anschließend war in der Stadt ein anderes Textilgewerbe, die Strickerei, stark verbreitet. Um 1600 waren es über 75 Meister, die von Wollknappen und Familienmitgliedern unterstützt wurden. Bald besserte jedermann nebenberuflich sein Einkommen mit der Handschuh- und Strumpfstrickerei auf. Noch nach 1900 konnte man in der Nördlinger Straße die hölzernen Strumpfspanner an die Häuser gelehnt sehen.

ab 14. Jh. Schmiede Das Schmiedehandwerk, das zweitwichtigste Dinkelsbühler Gewerbe, ging während des 30-jährigen Kriegs ein. Die Kriegswirren hatten den Rohstoffhandel unterbrochen. Neben den Messer-, Nagel- und Hufschmieden exportierten vor allem die Sensen- und Sichelschmiede ihre Ware. Vor dem Krieg arbeiteten rund 70 Schmiede in der Stadt, im Jahr 1580 wurden um die 12 000 Sensen und 40 000 Sicheln produziert. Sie wurden auf den großen Messen in Nürnberg und Frankfurt verkauft, und auf der Nördlinger Messe waren die Dinkelsbühler sogar zum Hauptlieferanten aufgestiegen.

Ein Spottvers auf die Dinkelsbühler Aufgrund der weiten Verbreitung der Sicheln wurde das Handwerk der Sichelschmiede zum Necknamen für die Dinkelsbühler Bürger. In einem Spottgedicht, das während des Städtekriegs 1519 im Lager des Herzogs von Württemberg entstand und das sich gegen den Städtebund richtete, wird als Verbündeter „der Sichelschmied von Dinkelsbühl" aufgezählt.

Schmiedesage Das Schmiedeviertel befindet sich beim Rothenburger Tor außerhalb des staufischen Mauerrings und besteht aus vier planmäßig parallel angelegten Gassen, die früher Obere, die Mittleren und die Untere Schmiedgasse hießen.

1264 soll es sich in Nürnberg zugetragen haben, dass bei einer Wolfsjagd die Söhne des Burggrafen zu den Hütten der Schmiede kamen. Unglücklicherweise hatte sich ein Junge im Spiel ein Wolfsfell umgelegt, weshalb ihn die Jagdhunde anfielen und zerfleischten. Die aufgebrachten Schmiede erschlugen die Fürstensöhne und flohen nach Dinkelsbühl, um einer Bestrafung zu entgehen.

Teichwirtschaft Im Nahhandel war die Teichwirtschaft von Bedeutung, deren Prosperität mit den Landverwüstungen des Dreißigjährigen Kriegs schlagartig endete. Man handelte mit Speise- und Zuchtfischen. Die Dinkelsbühler Karpfen, Orfen und Hechte pflegte man hohen Herrschaften bis hinauf zum Kaiser als Gastgeschenk zu überreichen.

Teichsage Sebastian Münster schreibt in seiner Cosmographia 1550 bewundernd, die Stadt habe „so viel Weyer als tag im jahr seynd".

Neckname Blausieder Der Neckname, der den Dinkelsbühlern zugeschrieben wird, geht auf eine Schnurre zurück, die auch andernorts bekannt ist.
Im Rathaus sollte bei einer vormittäglichen Ratssitzung das Urteil über einen langgesuchten Spitzbuben gefällt werden. Die Sache zog sich hin. Ein älterer Ratsherr, ein eifriger Fischer, war eingenickt und träumte von der Zubereitung seines eben gefangenen Karpfens. Als es zur Abstimmung kam, stupste ihn sein Nachbar: „Was sollen wir jetzt mit ihm machen?" Aufgeschreckt rief er: „Blausieden, blausieden soll man ihn!" Seitdem heißen die Dinkelsbühler „die Blausieder".
Erzählt wurde die Wandersage im Gründungsjahr des Historischen Vereins bei einem Abendumtrunk von Bürgermeister Hofrat Ludwig Sternecker, der als Vorsitzender der Sammlung den schlafenden Wächter auf dem Gucktürchen einer Haustüre stiftete.

Blausieder, Haus der Geschichte. Gucktürchen einer Haustür (Foto: Peter Ruprecht, 1989).

Imposante Bauten

Die Wirtschaftskraft der Reichsstadtrepublik lag in den Landgütern und Kirchensätzen ihres Streubesitzes, gestützt vom Export der Textilerzeugnisse, Schmiedeprodukte und Fische. Sie ermöglichte vom 14. Jh. bis zur Katastrophe des Dreißigjährigen Kriegs die Erweiterung und den Ausbau der Stadtbefestigung und des Spitals, die Errichtung der Stadtkirche und weitere herausragende Gebäude.

nach 1314, nach 1360 Äußere Stadtbefestigung Heute ist nur noch ein Teil der eindrucksvollen Stadtbefestigung erhalten. Das Doppelkönigtum 1314-1322 mit den einhergehenden Städtefehden machte eine erste Stadterweiterung notwendig. Die ungeschützten Vorstädte und die Furcht der dortigen Handwerker ließen die regierenden Geschlechter eine Graben-Wall-Anlage planen, wobei man die natürlichen Geländevorteile nutzte. Zunächst befestigte man den Höhenrücken des Talkessels mit einem Anschluss zum Wörnitzufer. Nachdem Dinkelsbühl 1360 Messestadt geworden war, ergänzte man *der stette uzzern graben* auch links der Wörnitz als Brückenkopf. Die jetzt nahezu rechteckige Fläche umfasste etwa 70 Hektar und war damit mehr als 6-mal so groß wie die Stauferstadt. Doch die 3 150 Meter lange Verteidigungslinie war für rund 4 000 Einwohner mit

600 wehrhaften Bürgern zu groß. Es wurde deshalb lediglich die wirtschaftsrelevante Bleichanlage mit Türmen und der Wörnitzbastei befestigt, das Teilstück Loderweg/Bleichweg vom Rothenburger Weiher (Hippenweiher) bis zur Wörnitz.

nach 1372 bis ca. 1550 heutige Stadtbefestigung Wegen der Übergriffe von Adel und Ritterschaft wurden Landfriedensbündnisse und Städtebünde geschlossen, die außenpolitische Lage war bedrohlich geworden. Der zunehmemde Einsatz von Feuerwaffen bedeutete einen größeren baulichen Aufwand bei der neuen Verteidigungsanlage, man musste sich mit einer kleineren Stadterweiterung als geplant begnügen.

Ab 1372 baute man unter Einbeziehung der jüngeren Staufermauer beim Wörnitztor den heutigen Mauergürtel, was eine Generation lang alle Kräfte beanspruchte. Danach besaß die Reichsstadt mit 33 Hektar die dreifache Grundfläche der Stauferstadt bei einer Mauerlänge von 2350 Metern. Der Äußere Graben wurde vertieft und mit einem Inneren Graben mit Zwinger ergänzt. Der Wehrgang wurde Mitte 15. Jh. überdacht.

Türme, Basteien, Bastionen, Waffenarsenal Im Dreißigjährigen Krieg zählte die Befestigung mehr als 58 Wehrbauten: 23 Stadtmauertürme, dazwischen auf Lücke gesetzt 18 Zwingertürmlein sowie 4 halbrunde Basteien, dazu die heutigen vier Inneren Tortürme mit Turmzwingern, davor lagen Bastionen mit Äußeren Tortürmen. Am Äußeren Graben links der Wörnitz standen an den Ausfallstraßen das Nürnberger Törlein und das Gigertor.

Anfang des 19. Jh. wurden die im Königreich Bayern überflüssig gewordenen Bastionen mit ihren Tortürmen abgebrochen. Auch der ruinöse Wehrgang war größtenteils zum Verkauf freigegeben worden. Zu sehen sind heute noch acht kurze Wehrgangstücke, die teilweise in Privathäuser integriert sind.

Zur Verteidigung besaß die Stadt zu Beginn des Dreißigjährigen Kriegs ein ansehnliches Waffenarsenal, unter anderem 70 Kanonen, Stücklein und Böller sowie 228 Doppelhaken, das heißt schwere Gewehre.

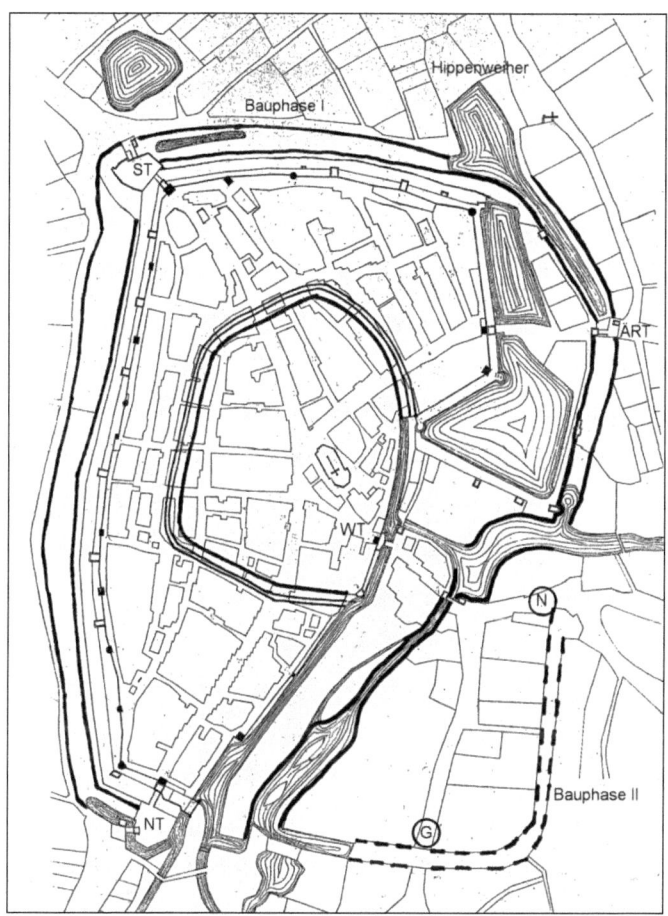

Durchgehende äußere Linie: Äußerer Graben (mit Wall) unter Einbeziehung der Wörnitz, Bauphase I nach 1314. NT = Nördlinger Tor, ST = Segringer Tor, ÄRT = Äußeres Rothenburger Tor (abgegangen), WT = Wörnitztor. Unterbrochene Linie: Äußerer Graben, Bauphase II nach 1360. N = Nürnberger Törlein, G = Gigertor (beide abgegangen). Turmkette: Ausbau mit Zwinger und Stadtmauer unter Einbeziehung des Mühlgrabens, Bauphase III, ab 1370.

Abgemarkt auf dem Stadtplan um 1790 (Abb.: Chronik Dinkelsbühl Bd. 5, Mauern und Türme, Die Stadtbefestigung vom Königshof ins 21. Jh.).

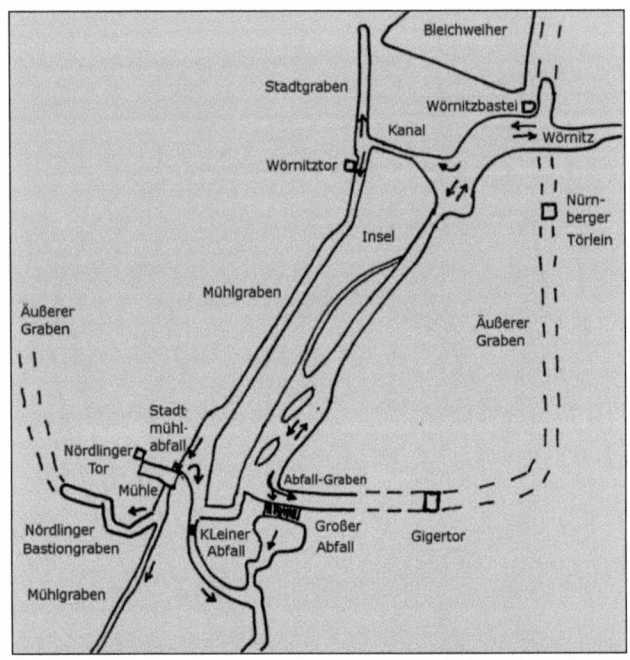

Das Wasserstausystem der Wörnitz um 1700 (Abb.: Chronik Dinkelsbühl Bd. 5, Mauern und Türme, Die Stadtbefestigung vom Königshof ins 21. Jh.).

Wasserverteidigungs-System *In der Wörnitzniederung hatte*
man bei der erweiterten Stadtmauer als Verteidigungs-
maßnahme einen Wassergraben anstatt eines Zwingers
angelegt. Zwischen Froschmühle und Stadtmühle benutzte
man hierzu ein ausgeklügeltes Stausystem, indem ein Wör-
nitz-Stadtgraben-Kanal entlang der Wörnitzvorstadt Was-
ser zuführte und drei Abfälle den Wasserstand regulierten:
der große Abfall an der Wörnitz, der kleine Abfall am Mühl-
graben und der Stadtmühlabfall. Auf diese Weise konnte
teilweise auch der Äußere Stadtgraben mit Wasser gefüllt
oder zumindest zusammen mit dem Höhenwasser sumpfig
gehalten werden. Zugleich wurde der Stadtgraben als
Mühlgraben für die Stadtmühle genutzt.

Stadtmühle, eine europaweit einzigartige Wehrmühle Die Dinkels-bühler Stadtmühle ist als Wehrmühle mit integriertem Stadt-mauer-Wehrgang fortifikatorisch einzigartig. Als Teil der Stadt-befestigung wurde sie befestigungstechnisch als Eckbastei er-baut. Als Holzbau sicherlich schon in der Stauferzeit vorhanden, wurde sie 1378 als Steinbau neu errichtet. Kaiser Karls IV. hatte der Stadt das Privileg gewährt, zwei Mühlen *bauen und setzen* zu dürfen. Bei der Stadterweiterung wurde dann um 1400 die Stadtmauer an den Mühlenbau gestoßen und der Wehrgang in der Mühle fortgesetzt. 1490 überbaute man den Mühlgraben mit einer Radstatt, von wo nun der Wehrgang an der Außen-wand der Mühle über die Hofmauer und weiter über den Torzwinger des Nördlinger Torturms schließlich wieder zur Stadtmauer ging. Hofmauer und Torzwinger sind abgebrochen. Die Renaissancefassade der Stadtmühle stammt laut Schriftta-fel (Kopie) von 1600, der Dachstuhl brannte 1923 völlig aus. 1991 eröffnete das *Museum Dritte Dimension* seine Räume im vorderen Mühlenteil, 2013 wurde der hintere Teil zum *Haus der Knabenkapelle* als Übungsstätte ausgebaut.

Nördlinger Torturm und Wehrmühle, Radstatt mit Wehrgang. Links Reste der Bastionmauer, die zum Äußeren Nördlinger Tor führten (Foto um1920, Stadtarchiv). Feldseitige Ansicht.

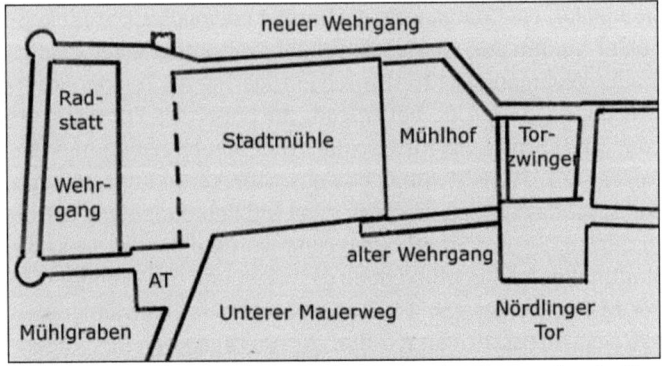

Lageplan 1. Hälfte 16. Jh., Wehrganggeschoss (2. Obergeschoss). AT = Mauerturm Am Türlein. Von der Stadtseite gesehen (Abb.: Chronik Dinkelsbühl Bd. 5, Mauern und Türme, Die Stadtbefestigung vom Königshof ins 21. Jh.). Oben Feldseite.

Heiliggeistspital Das Heiliggeistspital war Altersheim mit Betten für Herren- und Armenpfründner, Alumnaten-Unterkunft für Lateinschüler und Waisenkinder und Krankenhaus mit zwei Sälen. Es zählte zu den reichsten Stiftungen Süddeutschlands und zehrt noch heute von seinen Ländereien. Bereits um 1350 besaß das Spital in 84 Orten 235 Besitzungen, Höfe und Güter, wozu bald einige Kirchensätze von Dörfern einschließlich deren eingepfarrten Orte und deren Zehntabgaben kamen. Ein Jahrhundert später übertraf es mit 417 Anwesen in 111 Orten den Besitz des Nürnberger Spitals um das Vierfache.

Der ausgedehnte Gebäudekomplex mit Getreidekasten, Scheunen, Stallungen, Wagenschuppen, Back- und Schlachthaus und Weinkeller lag zwischen der Stauferstadt und dem Rothenburger Tor und entstand hauptsächlich im 14. und 15. Jh.. Das Spital konnte sich mit allem Nötigen selbst versorgen.

Keimzelle des *Spitals der hl. Maria und des hl. Geistes* war eine kirchenähnliche Halle am Platz der Heiliggeistkirche, für das 1282 ein erster Ablassbrief erhalten ist. Er gewährte allen Besuchern und Wohltätern 40 Tage Ablass für schwere oder ein Jahr für lässliche Sünden. Die Spitalkirche wurde unter katholischer Stadtregierung 1567 Evangelisch-Lutherische Pfarrkirche.

Das repräsentative Eingangsgebäude des Hospitals, ein Renaissancebau mit Treppenturm, wurde laut Wappentafel an der Straßenfassade von den 1599 verantwortlichen Ratsherren errichtet, den zwei Spitalpflegern. Rückwärtig befinden sich ältere Gewölbe des Verwaltungsgebäudes, es wurde nach Angabe der Jahreszahl eines Türportals 1567 erstmals erweitert. Heute befinden sich unter anderem in der Spitalanlage ein Altenpflegeheim, das Landestheater Dinkelsbühl, ein Schülerwohnheim, der Konzertsaal und das Kunstgewölbe, die „Tafel".

Ablassbrief von 1282 mit dem Siegel des Würzburger Weihbischofs Incelerius (Foto 2019).

Münster St. Georg Auch der Bau dieser edelsten Hallenkirche Süddeutschlands von vollendeter Harmonie fällt in die städtische Blütezeit. Drei Vorgängerbauten sind durch Ausgrabungen belegt. Vor die erste Steinkirche *St. Ursula* aus der frühen Stauferzeit setzte man um 1227 als Glockenturm den romanischen Kampanile, der nach zehn Jahren erhöht und mit dem Kirchenschiff verbunden wurde. Eine Verlängerung des Schiffs und der Bau eines größeren Chorraums erfolgten dann zwei Generationen später, die Kirche wurde nun *St. Bartholomäus* geweiht. Doch schon zwei Jahrzehnte danach, um 1323, errichtete man ein doppelt so großes Schiff für die Bürgerschaft und einen Chorraum für die Geistlichkeit mit Außensakristei. Dieser Neubau, ein Zeugnis bürgerlichen Wohlstands, hatte bereits *St. Georg* als Kirchenpatron.

St. Georg, 1988 zum *Münster* erhoben, wurde von Vater und Sohn Nikolaus Eseler, ihr Bildnis hängt im Chorumgang, in einem halben Jahrhundert erbaut. Aus einem Guss, äußerlich schlicht mit einem mächtigen Dach gestaltet, im Innern eine der reifsten Architekturleistungen deutscher spätgotischer Kirchen.

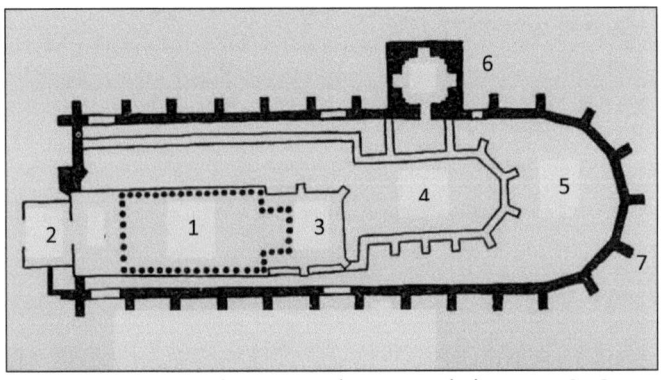

1 St. Ursula, 2 romanischer Kampanile, 3 St. Bartholomäus, 4 St. Georg, 5 Münster St. Georg, 6 Nordturm/Sakristei, 7 Bauinschrift, Sonnenuhr.

Der *erst stain* wurde 1448 laut Bauinschrift bei der Baumeisterbüste gelegt. Die schönste gotische Hallenkirche Süddeutschlands erhält eine *strahlende Feierlichkeit der Stimmung* (Dehio), ihren lichtdurchfluteten Raum, durch die Maßwerkfenster der hohen Seitenschiffe bei einer flachen Deckenwölbung. Die

Halle, fast 77 Meter lang und 22,50 Meter breit, wird von 22 frei stehenden Pfeilern getragen, mit einer *klaren und kraftvollen Pfeilerbildung* und einem Mittelpfeiler im Chorabschluss. Vom geplanten Nordturm, dessen Fundament 7 Meter tief gründet, konnte wegen der eingetretenen Reformation und dem nachfolgenden Glaubensstreit nur das Erdgeschoss der heutigen Sakristei fertiggestellt werden. Stattdessen erhöhte man den stehenden Glockenturm mit einem achteckigen, zweigeschossigen Turmwächterhaus mit Haube.

Brezenfenster **Ein** Unikat ist das Brezenfenster am Kirchenchor, dessen steinernes Maßwerk aus sechs bzw. acht Brezen besteht. Es wurde von der Bäckerzunft gestiftet, beigefügt sind Hammer und Zirkel der Böttcher, die der Bäckerzunft angehörten.

Ost-Doppelsonnenuhr am Münster (Foto 2009).

Ost-Doppelsonnenuhr *Weltweit einzigartig ist in Dinkelsbühl Europas älteste Ost-Sonnenuhr von ca. 1470 unter der Baumeisterbüste. Im Gegensatz zu Süd-Sonnenuhren sind Ost-Sonnenuhren wegen ihres eingeschränkten Nutzens selten,* *ihre Doppelskala macht sie kulturgeschichtlich einmalig. Hierbei wird der Übergang von mittelalterlicher zu neuzeitlicher Zeitmessung in einer Uhr dargestellt: Im Mittelalter wurde der lichte Tag 12-mal unterteilt, was im Sommer längere Stunden und im Winter kurze Stunden ergab. Diese mittelalterliche Zeiteinteilung ist auf einer Halbkreisskala mit gleichen Abständen bis Mittag ablesbar. Bei unserer Zeitmessung haben dagegen Tag und Nacht 24 gleichlange Stunden. Das ergibt auf der geraden Linie eine ungleiche Einteilung der Skala mit den Zahlen 8 bis 12.*

Schranne Von ca. 1450 bis 1500 erbaute die Stadt drei mächtige Fruchtspeicher in Fachwerkbauweise: Das *Obere Kornhaus* in der Bauhofstraße, heutiges Kinderzech-Zeughaus, das *Kornhaus* in der Koppengasse, heutige Jugendherberge, und den *Untern Kasten* am Muckenbrünnlein, heute ist dort ein Anger. Zusätzlich wurde 1609 am Weinmarkt die *Schranne* erbaut. Sie zeigt als Steingebäude den damaligen Repräsentierwunsch der Reichsstadt. Der Giebel, im Stil der deutschen Spätrenaissance, ist mit plastischen Schneckenvoluten und eckigen Zierobelisken der prächtigste Speicher der Stadt.

Schranne (Foto 2018).

Schrannenhandel Im Erdgeschoss fand der Verkauf über 300 Jahre lang am wöchentlichen „Schrannentag" statt, beaufsichtigt vom „Schrannenmeister". Die sieben großen Korbbogen-Tore wurden geöffnet, die Schranne wurde zum Mittelpunkt des Wirtschaftslebens, da Getreidehandel nur dort erlaubt war. Die von auswärts zum Verkauf gebrachten Getreide- und Mehlsorten wurden von den „Messern" auf ihre Qualität geprüft und mit Hohlmaßen gemessen. Für die Ärmeren der Stadt fand zwei Stunden vor Marktbeginn ein Kleinhandel mit Erbsen, Bohnen, Linsen, Hirse, Raps, Wicken und Mehl statt.

Im Obergeschoss hielten in der Reichsstadtzeit die vermögenden Familien ihre Hochzeiten ab, es spielten hier auch Theatertruppen. In der Weimarer Republik fanden politische Veranstaltungen statt. Speziell wurde der Saal seit der Uraufführung 1897 zur Bühne des Historischen Festspiels „Die Kinderzeche" zu Dinkelsbühl. Im größten städtischen Saal ist Platz für tausend Personen.

Gustav-Adolf-Haus, Ratstrinkstube Das repräsentative, klar gegliederte Eckhaus mit der schönsten Dinkelsbühler Renaissancefassade hatte städtische Bedeutung. Es wurde vor 1550 im Stadtzentrum gegenüber der Stadtpfarrkirche erbaut. Kaiser Karl V. logierte hier 1546, der Schwedenkönig mit seiner Gattin Eleonora im Jahr 1632. Die Herrschaften bezogen auch im Nachbarhaus ihr Quartier, dem heutigen Gasthaus Zur Glocke. An den Besuch erinnern die Hausbezeichnung und die Bronzemedaille, die im Gedenkjahr 1932 feierlich enthüllt wurde.

Vom Saalfenster der Trinkstube wurden die Bürger am jährlichen Schwörtag an die Stadtverfassung erinnert und Verordnungen öffentlich kundgetan. An der Hausecke sind Sockelreste des Prangers erhalten. Zum Waaggässlein hin befand sich die Stadtwaage, in der alle Waren, die in die Stadt herein- oder hinausfuhren, gewogen und verzollt werden mussten. Der First trägt eine Laterne mit den Glocken der *Stadtuhr*, die zwei Ziffernblätter nach zwei Seiten hat, eines am Giebel, das andere an einer Dachgaube.

Muschelrelief Der Staffelgiebel schließt mit einer Muschel ab, die auf den Gebäudezweck verweist. In der Ratstrinkstube durften die Ratsgeschlechter im ersten Obergeschoss zechen. Das Relief zeigt weibliche Fabelwesen mit weinlaubgeschuppten Schlangenleibern, die zur Erntezeit einen Eimer mit Trauben in einen Tragkorb leeren.

Deutsches Haus Zwischen der Ratstrinkstube und der Schranne, die den reichsstädtischen Wohlstand repräsentieren, steht das prachtvollste Dinkelsbühler Bürgerhaus. Ein absoluter Höhepunkt im Fachwerkbau der deutschen Spätrenaissance. Am *Deutschen Haus* bilden Holzkonstruktion und Schnitzornamente sowie Monochrom-Malerei in Grau trotz vielfältiger Formen und Figuren eine harmonische Einheit.

Das Gestaltungskonzept weist auf einen gebildeten Hausbesitzer hin. Im ersten und zweiten Obergeschoss stehen als Figuren links und rechts der Fenster sieben Planeten und der Mensch. Man glaubte, die Planeten seien Götter, die das menschliche Schicksal bestimmen. Ihre Darstellung sollte den Bewohnern Glück bringen. Im ersten Obergeschoss sind dies von links Luna (Mond), Merkur und Sol (Sonne), im zweiten Obergeschoss Saturn, Jupiter, Mars und Venus. Seinerzeit waren die Planeten Uranus, Neptun und Pluto noch unentdeckt, außerdem hielt man die Erde für den Mittelpunkt des Universums und deshalb Sonne und Mond fälschlich für Planeten.

Bacchus am Deutschen Haus (Foto 2018).

In der Hausmitte des ersten Obergeschosses steht in einer Nische eine Muttergottes-Statue mit Jesuskind, um 1700 geschnitzt. Als Wandbemalung im zweiten Obergeschoss sind der Glaube weiblich personifiziert und der auferstandene Christus zu sehen.

In den drei Dachgeschossen befinden sich von geschnitzten Karyatiden und Atlanten flankierte Speichertüren. Unter dem obersten Aufzugbalken reitet ein kleiner Bacchus auf einem Weinfässchen, aus dessen Spundloch einst das Aufzugseil kam. Ein Hinweis auf den Hauserbauer, den Metsieder Peter Drechsel.

__Geschlecht der Drechsel__ Das Haus war im Besitz eines wohlhabenden Geschlechts, dessen Mitglieder es zu Ratsherren, Bürgermeistern und zum Kanzler von Pfalz-Neuburg brachten. Der Metsieder und Stadtammann Peter Drechsel ließ die Fachwerkfassade 1593/94 neu gestalten.

Im 16. Jh. geadelt, erbauten die Drechsel auf ihrem Herrengut Unterdeufstetten ein Schloss. Das Deutsche Haus kann als Stammhaus der „Freiherren von und zu Unterdeufstetten" wie auch als Stammhaus der „Grafen von Drechsel" bezeichnet werden.

Löwenbrunnen Gerne fotografiert und gemalt wird der Löwenbrunnen am Altrathausplatz. Er veranschaulicht in edler Renaissanceform die enge Bindung der Reichsstadt an ihr Oberhaupt, den Reichsherrscher.

Angefertigt wurde die Brunnensäule mit dem brüllenden, sich aufrichtenden Löwen 1557. In seinen Pranken hält er einen Wappenschild mit dem doppelköpfigen Kaiseradler. Dessen geteilter Herzschild zeigt das Habsburger Wappen, wie es Rudolf II. einführte, nämlich die hauseigenen westlichen und östlichen Hauptländer: Der Binden-Schild steht für das Herzogtum Österreich, der Zinnenturm für das Königreich Kastilien, das für Dinkelsbühl 1188 im staufischen Heiratspakt bedeutsam war. Die Brunnensäule hatte bis 1866 ihren Platz vor dem Münsterportal als Teil des Marktbrunnens.

Original des Wappenschilds am Löwenbrunnen im Haus der Geschichte (Foto 2019).

Steckbriefe großer Stadtsöhne

Nikolaus Pruntzlin, genannt von Dinkelsbühl, Lux Sveviae (Leuchte Schwabenlands) Um 1360 in Dinkelsbühl geboren. Studium in Wien, war Kanoniker am Stephansdom, lehrte an der dortigen Universität, Dekan der theologischen Fakultät. An führender Stelle wehrte er mit einer bedeutenden Predigt die ketzerischen Angriffe von John Wiclif und Johannes Hus ab, hielt die feierliche Begrüßungsrede Kaiser Sigismunds auf dem Konstanzer Konzil und war dort Mitglied der Glaubenskongregation, die Hus und Hieronymus von Prag verurteilte. Er arbeitete kirchliche Reformvorschläge aus und besaß mit über 1 000 Schriften ein enormes Ansehen als Schriftsteller und Theologe. Er starb 1433 in Wien. 2002 wurde durch eine Klassengemeinschaft eine Erinnerungstafel am Münster St. Georg gestiftet.

Sebastian Sprenz Um 1475 in Dinkelsbühl geboren, Sohn von Jacob und Katherina Sprenz, Enkel eines zugezogenen Färbermeisters. Glanzvolle Karriere eines Bürgerlichen: Er erhielt in Augsburg die Niedere Kirchenweihe, studierte in Ingolstadt, war Schulleiter in Nürnberg an St. Lorenz, Professor an der Universität Ingolstadt, wurde Sekretär in der Hofkanzlei Kaiser Maximilians I., war Domherr und Dompropst in Brixen. Die hierfür nötige eheliche Geburtsbescheinigung wurde 1514 in Dinkelsbühl vom Rat ausgestellt.

1517 setzte sich Kaiser Maximilian I. mit einem Brief für die vom Dinkelsbühler Rat belästigte Verwandtschaft ein. Sprenz war Hofrat, kaiserlicher Diplomat und Brautwerber Kaiser Maximilians I. Nach dessen Tod 1519 war er Gesandter Kaiser Karls V. und dessen Protegé, er war 1521 Mitunterzeichner des Thorner Friedensvertrags, wurde Bischof von Brixen, Kanzler von Tirol und zum Fürstbischof erhoben. Er starb während des Bauernaufstands 1525 in seiner Burg Bruneck. 2017 wurde am Münster St. Georg eine Erinnerungstafel für den Humanisten, Astronomen, Hebraisten und Dichter angebracht.

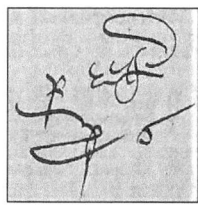

Der Brief Kaiser Maximilians I. von 1517 an die Reichsstadt wurde von ihm eigenhändig mit seinem lateinischen Sigel unterzeichnet: Die Buchstaben p(er) und s(e) und das darüber stehende Wort regem bedeuten: Vom König selbst. (Repro 2018, Stadtarchiv.)

Wolf Behringer d. Ä. und Hans Behringer Wolf Behringer d. Ä., um 1505 geboren, ist mit Arbeiten von 1530 bis 1550 durch sein Steinmetzzeichen im Alten Rathaus, am Pfeiler der Wörnitzbrücke, an der Sperrmauer bei der Stadtpark-Zwingerturmruine und am Turmwächter-Oktogon des Münsters nachweisbar, die früher Hans Behringer zugeschrieben waren. 1544 kaufte er das halbe Haus Kirchhöflein 3. Als er in der seit 1552 katholisch regierten Stadt keine Aufträge bekam und zog er nach Ansbach, wo er 1563 starb. Seine Frau Anna brachte zwischen 1539 und 1548 sieben Kinder zur Welt. Verwitwet bewohnte sie noch 1570 das Haus am Kirchhöflein

Ihr Sohn Hans Behringer wurde wahrscheinlich 1545 geboren. 1563 verlangte das Fünfergericht von ihm, die oberen Läden mit Haken oder Riegeln zu versehen, damit im Doppelhaus der Nachbar bei Wind Sicht und Licht hat. Er war 1575 in Rottweil tätig und wurde 1577 Werkmeister am Freiburger Münster. Sein bedeutendstes Werk war der dortige Lettner. Er starb 1590 in Freiburg. Nach ihm ist die Hans-Behringer-Straße benannt.

Das Rundbogen-
portal am Behrin-
gerhaus mit der
Jahreszahl 1544
und fünf Stein-
metzzeichen Wolf
Behringers (Foto
2016).

Städtekriege und Bauernkrieg

Landfrieden, Städtebünde, Stadtsoldner
Der Stadtstaat Dinkelsbühl hatte als Reichsstadt den König und
Kaiser als obersten Schutzherrn. Dennoch war die reichsunmit-
telbare Existenz bedroht. Die Fürsten wollten geschlossene Ter-
ritorialstaaten gewinnen, während die verarmende Ritterschaft
Wirtschaft und Handel mit ihren Überfällen schädigte. Als Maßnahme wurden wiederholt Landfriedensbündnisse geschlossenen, denen Dinkelsbühl seit 1333 angehörte. Doch selbst der
kaiserliche *Landfriedensbund* Kaiser Karls IV. von 1370 brachte
keine Besserung. Ein Schutzbrief (Salva Guardia) für Dinkelsbühl
und 17 weitere schwäbische Städte richtete sich gegen alle, die
deren Besitzungen, Rechte, Gewohnheiten, Freiheiten be-
schneiden wollten.
Dem Adel war nicht wirklich an einem gemeinsamen Bündnis
gelegen, zur Gegenwehr musste ein alleiniger Zusammen-
schluss der Städte erfolgen. So trat Dinkelsbühl, dessen Territorium Einsprengel in Adelsterritorien waren und dessen kleine

Stadtmark die Fürsten einkreisten, 1377 dem großen schwäbischen *Städtebund* bei. Ein Jahrhundert später, 1488, war man natürlich wiederum auch Mitglied im umfassenden, allgemeinen Schwäbischen Bund der Fürsten, Ritter und Reichsstädte, der den Frieden sichern sollte.

Die bedenkliche Situation erforderte eine jederzeit bereite städtische Streife. Die *Soldner* hatten an der erweiterten Stadtmauer am Segringer Tor ihr Quartier, die später so benannten *Landsknechtswohnungen* am Oberen Mauerweg 2, 4, 6. Die von außerhalb angeworbenen *Diener* wurden für jeweils ein Jahr verpflichtet, ihre Anzahl betrug durchschnittlich ein Dutzend und variierte je nach Bedarf.

Städtekriege

1378 Dinkelsbühl leistete Rothenburg Städtebundhilfe gegen die von Seinsheim.

1379 Die Grafen von Hohenlohe unternahmen Beutezüge zu den in ihrem Hoheitsgebiet verstreuten Dinkelsbühler Höfen. Der Sage nach wurde daraufhin das hohenlohische Crailsheim von Dinkelsbühlern belagert.

1388 Dinkelsbühl unterstützte Rothenburg bei seiner Verteidigung gegen Bischof Gerhard von Würzburg.

1388 Feuchtwangen, Wassertrüdingen Die Stadt Feuchtwangen war in die Hand des Nürnberger Burggrafen Friedrich von Hohenzollern gelangt. Für Dinkelsbühl ein feindlicher Stützpunkt, nur drei Wegstunden vor den Toren. Ein städtebündischer Zeitgenosse schrieb, dass *die von Dynkelspuhel* in der zweiten Septemberwoche 1388 *Fewhtwank, die stat, dem burggrafen auzgeprent haben, und sie und ander unser aidgenossen umb uns, greifen die herren fast an mit prant und ander sachen.* Niedergebrannt wurde damals auch die burggräfliche Stadt Wassertrüdingen bis auf das Schloss und die Kirche.

1424 Dinkelsbühlische Bauernhöfe wurden mit *Totschlägen, Brandschatzung und Raub* befehdet.

1441 Die verbündeten Städte Dinkelsbühl, Hall und Nördlingen halfen Rothenburg im Kampf gegen die Raubritternester Ingolstadt und Giebelstadt in Unterfranken. Dinkelsbühl bot dabei 24 Reiter auf. Beide Schlösser wurden gleichzeitig angegriffen und eingenommen. Fünf Adelige und vier Hauptknechte wurden auf dem Rothenburger Marktplatz hingerichtet.

1450 Der Ansbacher Markgraf Albrecht „Achilles" führte ein Jahr lang Krieg gegen Nürnberg und 71 verbündete Reichsstädte. Der Städtebund war sengend und plündernd von Donauwörth her nach Dinkelsbühl gezogen, um im Altmühlgrund die Höfe zu schädigen. Der Markgraf setzte sich mit 800 Reitern zur Wehr, bei Baimhofen an der Sulzach kam es 1450 zum Treffen. Die Städter gewannen die Oberhand, aber ein Missverständnis ließ sie die Flucht ergreifen. Die Verfolgung durch die Markgräfler endete erst vor dem Dinkelsbühler Stadtgraben.

„Bayerische Beschädigung"

1456 Herzog Ludwig von Landshut und der Markgraf von Ansbach hatten ein Bündnis geschlossen. Als nun zwölf Dinkelsbühler Soldner auf dem Gebiet des Herzogs einen seiner *Diener* (Landsknecht) gefangen nahmen und er kurzerhand in Dinkelsbühl gehängt wurde, belagerte der Herzog 1456 mit 1 500 Pferden die Stadt. Der Rat befürchtete eine größere *payerische Beschädigung*, ließ den Gehängten vom Galgen nehmen und ihn auf dem Friedhof der Stadtpfarrkirche ehrlich begraben. Zudem mussten wegen des Briefwechsels in die herzogliche Kanzlei 12 Gulden gezahlt werden und dem Herzog ein Bußgeld von 100 Gulden, wie der Schreiber eintrug: *Item unserm Herren, Hertzog ludwigen von Bayern, auff Weihennechten Anno uf 57sten geschikt und bezahlt C guldin.* Ferner bezahlte die Stadtkasse 19 Gulden 22 Pfennig für eineinhalb Zentner Fisch, *die unserm Herren, Markgraf Albrecht, geschenkt sind.*

Der Schrecken dieser ersten großen Belagerung ist an den eingegangenen Rechnungen ablesbar. Unter anderem bezahlte die Stadtkammer 1 000 große und 500 kleine Pfeile und ließ 22 Armbrüste herrichten.

1522 Vereint im Schwäbischen Bund griff Dinkelsbühl gemeinsam zahlreiche Schlösser an.

Reichskriege

1421-1542 Als Reichsstadt war Dinkelsbühl zur Teilnahme an den Reichskriegen des Königs verpflichtet. Dies erfolgte in den Hussitenzügen 1421 bis 1542 mit Bürgern und angeworbenen Söldnern 13 Mal. Zum Türkenkrieg 1529 marschierten 50 Mann, Hauptmann und Schreiber, 1532 waren unter anderem 11 Reiter, 104 Fußsoldaten, ein Reisewagen mit vier Pferden und zwei Knechten dabei.

Bauernkrieg

1525 Der Reformationsgedanke hatte im Dinkelsbühler Münster bereits 1505 mit Predigten auf Deutsch eingesetzt. In Martin Luthers Auflehnung gegen die Papstkirche 1517 wurzelte der Bauernkrieg als sozial-revolutionäre Bewegung. Die Bauern dachten über ihre Freiheiten nach und erhoben sich 1525 gegen die Obrigkeit, den Adel und auch gegen die bestehende Geistlichkeit, man verstand sich als christlicher Bund. Schon Ende Februar hatten sich Bauern in Weiltingen zusammengerottet. Ende März trafen sich die Aufrührer auf dem Hesselberg zu einem *Sausack*, um heimlich über politische Forderungen zu beraten. Auch die dinkelsbühlischen Reichsstadtbauern versprachen sich eine Verbesserung ihres Stands, möglicherweise das Bürgerrecht.

Als dann am 28. April der Ellwanger Bauernhaufen, der *gemain heller hawf der christlichen verpundniß,* vor dem Nördlinger Tor sein Feldlager aufschlug, erhielt er Zustrom aus den Hesselbergdörfern, die Dinkelsbühler Landuntertanen bildeten zwei eigene Fähnlein. Sofort stießen auch 250 Städter dazu, meist junge Handwerker. Weil in dieser Situation die Bürgermehrheit keinen Widerstand wagen wollte, schlossen die Stadtoberen am 5./6. Mai eine Vereinbarung mit dem Haufen. Den katholischen Besitz, den Speicher des Deutschordens und das Karmeliterkloster durften 50 Mann plündern; außerdem erhielt der Haufen Verpflegung und leihweise eine Halbschlange, eine Falkonette und eine Karrenbüchse, dazu Pulver und Kugeln sowie 100 lange Spieße.

Der Rat vermied es allerdings klug, die eben vom Memminger Bauernparlament genehmigten 12 Artikel *der christlichen Freiheit* anzunehmen. Tatsächlich war für Markgraf Casimir von Brandenburg-Ansbach am nächsten Tag das Maß voll, die Bauern hatten seine Stadt Wassertrüdingen besetzt. Der *Bauernschlächter* schlug den Rieser Haufen am Hahnenkamm in Ostheim vernichtend. Der Ellwanger Bauernhaufen brannte hingegen unter Beteiligung der Dinkelsbühler noch das Kloster Mönchsroth nieder, zerstörte das Frauenklösterlein in Dorfkemmathen und plünderte die Adelsschlösser in Wittelshofen und Dürrwangen, ehe er sich auf heimatliches Gebiet zurückzog. Dort besiegte ihn dann der Schwäbische Bund.

Nun drangsalierten im Gegenzug die gräflichen Amtmänner in Dürrwangen und Wassertrüdingen die Dinkelsbühler Bauern. Die Reichsstadt musste an den Schwäbischen Bund, dem auch der Adel angehörte, eine Buße von 6 Gulden je Herdstelle bezahlen und bezifferte den städtischen Gesamtschaden später mit 11 000 Gulden.

Evangelische Stadt kontra katholische Stadt

Der unselige Konfessionskampf im Reich zwischen Protestanten und Katholiken war in der kleinen Welt der Reichsstadtrepublik hochschädlich. Er hemmte die Dinkelsbühler Politik bis zum Ende der Souveränität 1802.

Der Religionsstreit spaltete die Bürgerschaft in zwei Lager, die sich unversöhnlich gegenüber standen. Die Stadtpfarrkirche wechselte mehrmals den Besitzer, was die Andersgläubigen jeweils verbitterte, auf beiden Seiten wurden Hetzpredigten gehalten, das soziale Miteinander wurde durch Schikanen vergiftetet, das Staatswesen ruiniert. Außenpolitisch geriet die Stadt durch den Konfessionskampf in die Zwangslage, sich im Schmalkaldischen Krieg zwischen Gott als Glaubensherrn der Lutheraner und dem Kaiser als katholischen Stadtherrn zu wählen.

Reformation

1505 Im Einvernehmen mit der Bürgerschaft richtete der Rat ein vorlutherisches, deutschsprachiges Predigtamt an der Stadtpfarrkirche St. Georg ein, eine *Prädikatur*. Kurzerhand überging er mit der Anstellung eines *Prädikanten* das Besetzungsrecht des Klosters Mönchsroth und bezahlte ihn aus der Stadtkasse. Dies waren der Beginn der Dinkelsbühler Reformationsbewegung und der erste Schritt zur reichsstädtischen Kirchenhoheit.

*1393 **Waldenserprozess** Die in Süddeutschland aufflammende kirchliche Inquisition inszenierte in Dinkelsbühl einen Schauprozess gegen die ketzerischen Waldenser. Diese lebten in Armut und wandten sich gegen die Missbräuche, die Heiligenverehrung und Kirchenbauten der Amtskirche. Am Ledermarkt, wo damals die Friedhofsmauer anstelle der Häuserzeile verlief, wurde eine Tribüne gezimmert. Im Taubertal hatte man vier Ehepaare und zwei Frauen des verbotenen Ordens aufgespürt. Das Glaubensgericht, bestehend aus neun geistlichen Beisitzern unter Vorsitz von Magister Angermayr, hörte in der öffentlichen Sitzung je drei Zeugen aus den Dinkelsbühler Geschlechtern und Zünften an. Laut Protokoll schworen sämtliche Angeklagten dem Irrglauben ab und kehrten in den Schoß der Kirche zurück.*

1520 Die nachlässige Pflichterfüllung der Dinkelsbühler Geistlichkeit, ihr weltlicher Lebenswandel mit Streit, Zechereien und Konkubinat waren der Nährboden des neuen Glaubens. Tod und Hölle ängstigte die Menschen und drückte sich in Bußprozessionen, Ablasskauf, Messstiftungen für Verstorbene und im

Aberglauben an Wunderheilung, Hexerei und böse Mächte aus. Nur drei Jahre nach Martin Luthers kirchenkritischer Thesenveröffentlichung waren in der Pfarrkirche St. Georg evangelisch gesinnte Prediger im Amt, die die Botschaft eines gnädigen Gottes verkündeten.

1522/23 Luthers Lehre fasste rasch Fuß. Der ehemalige Franziskanermönch Konrad Abel reichte den Gläubigen beim Abendmahl neben dem Brot auch den Kelch mit Wein, dem Blut Christi, und hatte einen überwältigenden Zustrom.

1525 Erste Evangelische Landeskirche Der nahezu völlig evangelisch gewordene Rat erstellte 1525 eine evangelische Kirchenordnung und eignete sich die Kirchenhoheit über eine Evangelisch-Lutherischen Landeskirche an. Nur noch ein kleiner altgläubiger Bürgerteil unterstand kirchenrechtlich dem Augsburger Bischof. Doch der mit Vergeltung und Strafzahlungen endende Bauernkrieg lähmte noch im selben Jahr die lutherisch-evangelische Entwicklung.

1530 Katholisierung Danach musste die Reichsstadt ihrem Stadtherrn gehorchen, als Kaiser Karl V. die *Augsburger Konfession* mit den Glaubenssätzen Luthers ablehnte. Obwohl Zweidrittel der Bürgerschaft evangelisch war, musste der Rat die Pfarrkirche St. Georg rekatholisieren und alle liturgischen Neuerungen im Gottesdienst als Ketzerei verbieten.

1531 Evangelisierung Das Blatt wendete sich zugunsten der Protestanten durch den in Schmalkalden geschlossenen Bund, der Schutz gegen jeden Glaubensangreifer versprach. Der Rat fühlte sich stark genug dem Kaiser den Gehorsam zu verweigern, in der Pfarrkirche wurde beim Abendmahl wieder der Laienkelch gereicht.

1532 Pfarrkirche reichsstädtisch Dies nutzte der Rat, um die kirchlichen Souveränität zu festigen. Unter der Androhung, dem Kloster Mönchsroth die Dinkelsbühler Zehnteinnahmen zu sperren, überließ der Propst der Stadt das Patronatsrecht der Pfarrkirche St. Georg. Der Rat konnte nun rechtmäßig selbst die Geistlichen berufen. Zum Ausgleich kaufte die Stadt dem Kloster die Zehntrechte der Dinkelsbühler Pfarrei für 1 000 Gulden in bar ab. Künftig war die Pfarrei Dinkelsbühl somit finanziell unabhängig.

1534 Evangelische Staatskirche Die kleine Dinkelsbühler katholische Gemeinde hatte keinen Pfarrer mehr. Lediglich ein Kaplan durfte im Krankensaal des Spitals den Kultus ausüben. Dagegen schuf der Lutheraner Bernhard Wurzelmann, ein ehemaliger Stiftskanonikus aus Wimpfen, eine Evangelisch-Lutherische Staatskirche, als deren Oberhaupt er sich betrachtete. Alles Katholische wurde abgeschafft, die heilige Messe, die Kaplanbruderschaften oder die zwei Seelhäuser frommer Frauen, das Karmeliterkloster wurde säkularisiert. Wurzelmann reformierte das Dinkelsbühler Kirchenwesen nach der gemäßigten brandenburgisch-nürnbergischen Ordnung.

1537 Zwei Abendmahlsaltäre Es gab keinen Bildersturm, die Dinkelsbühler Staatskirche ließ die Altäre der katholischen Heiligen stehen. Jedoch ließ Wurzelmann für die Pfarrkirche St. Georg und die Spitalkirche Heiliggeist dem evangelischen Glauben entsprechende Schrift-Bild-Altäre anfertigen. Einmalige Zeugnisse frühester protestantischer Altarbaukunst. Der in der Pfarrkirche aufgestellte Altar wurde infolge des Interims in einer gegenreformatorischen Maßnahme 1549 abgebaut. Hingegen blieb die Heiliggeistkirche bis heute lutherisch. Der Abendmahlsaltar wurde allerdings verändert und ist zerteilt.

Altarbericht von 1646 Der evangelische Kirchenpfleger und Handelsmann Hans Melchior Wildeisen beschrieb den Abendmahlsaltar ein Jahrhundert nach seiner Entstehung: „Mit einem gemalten Stück, das Nachtmahl Christi, unter demselben mit verguldten Buchstaben, die Einsetzung des Heiligen Nachtmahls beederlei Gestalt und auf beeden Seiten die Zehen Gebot. Welche durch die Evangelischen gemacht und eingestellt wurden. Darauf die Jahrzahl mitgeschnitten zu stehen 1537 zu finden ist."

Rekonstruktion des Abendmahlsaltars von 1537. Der heute in der Heiliggeistkirche zu sehende Muschelaufsatz wurde vermutlich 1606 hinzugefügt (Fotomontage 2019).

1541 Evangelisch-Lutherische Reichsstadt Als der katholische Kaiser Karl V. auf dem Regensburger Reichstag das Stillhalteabkommen mit den Protestanten erneuern musste, nutzte die Reichsstadt die Gunst der Stunde. Ratsherr Michael Bauer bekannte 1541 feierlich den Beitritt der Reichsstadt zur Augsburger Konfession.

Die Dinkelbäuerlein-Kanone *Die Freude, offiziell evangelische Reichsstadt geworden zu sein, bewog den Rat, beim Nürnberger Endres Pegnitzer, dem bedeutendsten Geschützgießer seiner Zeit, eine Viertelfeldschlange zu bestellen. Die*

*1542 datierte Kanone zeigt das Dinkelsbühler Ährenwappen und befindet sich durch glückliche Umstände noch am Ort des Auftraggebers, eine wertvolle Seltenheit.
Nachdem der schwedisch-protestantische Obrist von Sperreuth 1632 die katholisch regierte Stadt eingenommen hatte, nahm er das Dinkelbäuerlein mit, um die Nachbarstadt Ellwangen zu erobern. Im Kriegsverlauf kam sie dann nach Nürnberg, wo König Gustav Adolf und Generalissimus Albrecht von Wallenstein einander gegenüber lagen. Nach dem Nürnberger Friedensschluss des Dreißigjährigen Kriegs, erhielt Dinkelsbühl nach mehreren Gesuchen das Dinkelbäuerlein gegen ein Fass guten Neckarwein zurück. Die Feldschlange kam auf den Grünen Turm und schoss jährlich zu einigen Festtagen, bis sie 1897 dem „Vereins-Museum" übergeben wurde. Bald danach diente sie beim Kinderzechumzug als historische Requisite. Heute ist sie im Haus der Geschichte Dinkelsbühl.*

Dinkelbäuerlein-Kanone von 1542 und Porträt von König Gustav Adolf aus dem Jahr 1632 im Haus der Geschichte Dinkelsbühl (Foto 2019).

1546 Schmalkaldischer Krieg Als sich das katholische Stadtoberhaupt Kaiser Karl V. am 3. und 4. April 1546 in der Stadt aufhielt, war die Reichsstadt Dinkelsbühl dem evangelischen Schmalkaldischen Bund noch nicht beigetreten. Er verhielt sich diplomatisch. Die Lage spitzte sich allerdings dann zu. Im August schlug das schmalkaldische Heer, angeführt vom sächsischen Kurfürsten und dem Landgrafen von Hessen, bei Mönchsroth das Lager auf. Ihm rückte vom Süden das kaiserlich-katholische Heer näher. Zögerlich, erst Ende Oktober, beschlossen der Große Rat mit den im Zwinger versammelten Bürgern, dem Bund beizutreten und Gott und dem Glauben Vorrecht vor dem kaiserlichen Stadtherrn zu geben. Doch schon einen Monat später ließ der kaiserliche Heerführer Herzog Alba vor den Stadttoren die Geschütze auffahren, er verlangte die bedingungslose Kapitulation. Dinkelsbühl musste kleinbeigeben und für seinen Beitritt büßen. Am 30. November nächtigte Kaiser Karl V. in diesem Jahr zum zweiten Mal in der Stadt. Der Dinkelsbühler Reformator Bernhard Wurzelmann wurde als Rädelsführer wegen seines Ungehorsams gegen den Kaiser aus der verbannt, die Stadt wurde mit 30 000 Gulden abgestraft, zu allem Unglück schleppte das spanische Heer eine Seuche ein. Kaiser Karl V. forderte die Reichsstadt auf, bikonfessionell zu werden, womit er den Religionsfrieden von 1555 vorausnahm. Ohne den evangelischen Gottesdienst in der Stadtpfarrkirche St. Georg zu verbieten, sollte dort ebenfalls der katholische Kultus wieder stattfinden. Die fast gänzlich evangelische Bürgerschaft verweigerte dies.

1548 Augsburger Interim Auch das 1548 auf dem Augsburger Reichstag beschlossene Interim, eine Zwischenlösung, lehnte die evangelische Bürgerschaft ab. Der ungerechte Kompromiss ließ die katholische Lehre als Ganzes bestehen und gestand den Protestanten nur zusätzlich lediglich die Priesterehe und den Laienkelch zu.

1549 Dinkelsbühler Kompromiss Ein Jahr später versuchte der Rat, dem kaiserlichen beziehungsweise bischöflich-augsburgischen

Druck mit einem Kompromiss entgegenzukommen. Um den innen- wie außenpolitischen Frieden herzustellen und zugleich die reichsstädtische Religionssouveränität zu behaupten, wurden die katholische und evangelische Liturgie in der Stadtpfarrkirche St. Georg getrennt abgehalten. Dies widersprach allerdings dem Reichstags-Interim von 1548. Daraufhin sandte der Augsburger Kardinalbischof einen Visitator zur Regelung der Angelegenheit. Dieser überließ St. Georg den wenigen Katholiken, das im Zentrum liegende, enteignete Karmeliterkloster musste die Stadt an den Orden zurückgeben. Der Rat beruhigte die murrende Bürgerschaft: Wer wolle, könne lutherisch bleiben. Doch musste sich die riesige evangelische Kirchengemeinde mit der kleinen Heiliggeistkirche im Spital begnügen.

1549 Taufprobleme Das Interim vom vergangenen Jahr sah die Taufe nach katholischer Lehre vor, was den Getauften von der Erbsünde befreite, einen Ungetauften aber in die Hölle fahren ließ. Für Evangelische ein unüberwindbares Hindernis, für sie kam die Sündenvergebung allein aus dem Glauben an einen gnädigen Gott. Wollte ein evangelischer Bürger für sein Kind das Seelenheil sichern, durfte er es nicht auf katholische Art taufen lassen. Dreizehn Ratszunftleute erschienen vor dem Rat und baten im Namen der evangelischen Kirchengemeinde um Tauferlaubnis. Eingedenk der schmalkaldischen Niederlage und der hohen Bußzahlung beschied man ihnen, die evangelischen Bevollmächtigten hätten mit ihrem Gesuch ihren Bürgereid gebrochen, gehorsam zu sein und die Stadtgesetze zu befolgen. Taufende Pfarrer wurden ins Gefängnis geworfen und aus dem Amt entfernt. In den folgenden zwei Jahren zahlten Bürger wegen vorgenommener Taufen insgesamt 2 000 Gulden Strafgeld an die Stadtkammer, 17 Bürger saßen im Gefängnis, mehr als 100 wurden verbannt.

1552 Katholische Verfassung Um die Interimsregelung auch in Dinkelsbühl endlich umzusetzen, schaltete Kaiser Karl V. den konfessionellen Widerstand des politisch organisierten Zunftwesens aus. Eine kaiserliche Kommission unter Leitung von Vizekanzler Hase wandelte am 6. Januar 1552 die Zünfte-Geschlechter-Verfassung, die sich die Reichsstadt 1387 nach dem

Handwerkeraufstand selbst gegeben hatte, in eine katholische Oligarchie um. Die angeordnete *Constitutio Carolina* von 1552 war, ohne Rat und Bürgerschaft einzubeziehen, ein unerhörter Eingriff in die reichsstädtische Souveränität. Alle Räte und Ämter sollten nun mit Personen besetzt werden, die *der alten, wahren christlichen Religion anhingen, oder wo nicht gar, so doch ihr am nächsten wären.* So regierten und verwalteten etwa 130 katholische Bürger eine Stadtrepublik mit rund 3 800 evangelischen Städtern und mindestens ebenso vielen Landuntertanen. Die tiefe Spaltung der Bürgerschaft sollte irreparabel werden. Die Zünfte wurden aufgelöst, die Ratskammern aus Mangel an Ratsfähigen verkleinert. Der Innere/Kleine Rat schrumpfte auf 15 Mitglieder, in dem nur noch sechs Handwerker sein durften. Alle vier Monate wechselten sich drei Bürgermeister ab. Das ehrenamtliche Ratsherrnamt wandelte man in ein Besoldungsamt um. Der ebenfalls verringerte Große/Äußere Rat bestand noch aus 25 Mitgliedern. Allerdings musste man den Evangelischen nach und nach die Teilnahme am Stadtregiment notwendigerweise wieder zugestehen, so dass nach einem halben Jahrhundert nur mehr die Hälfte des Rats katholisch.

1552 Konfusion Kaum eingeführt, wurde allerdings die katholische Dinkelsbühler Verfassung *Constitutio Carolina* für ein halbes Jahr außer Kraft gesetzt. Die protestantischen Fürsten des Reichs opponierten, führend beteiligt war der Ansbacher Markgraf Alcibiades. Man drängte Dinkelsbühl, sich anzuschließen. Tatsächlich gab sich die Reichsstadt im Frühjahr nach dem Augsburger Städtetag eine evangelische Verfassung mit nur evangelischen Räten, ebenso gab es wieder die Evangelisch-Lutherische Staatskirche, und die Pfarrkirche St. Georg war evangelisch.

Jedoch bereits im August setzte Kaiser Karl V. diese Verfassung außer Kraft, und ab September wurde die Stadtrepublik erneut von einem katholischen Rat regiert. St. Georg war wieder eine katholische Kirche, aber die Lutheraner durften in der Heiliggeist-Spitalkirche den Gottesdienst in ihrer Liturgie abhalten und Taufen vornehmen.

1555 Augsburger Religionsfriede Auf dem Augsburger Reichstag von 1555 wurde ein Reichsgesetz verabschiedet, das Katholiken und Protestanten konfessionell gleichstellte. Nach der Regel *wes der Fürst, des der Glaub*, konnten die Landesherren ihren Untertanen die Konfession vorschreiben. So entschied sich, der Markgraf von Ansbach für die reformierte Lehre, der Bischof von Augsburg blieb bei der reformbemühten katholischen Kirche.

Dagegen hatte man in den souveränen Reichsstädten eine tolerante Glaubensfreiheit beschlossen. Hier fand die konfessionelle Spaltung auf engsten Raum statt, wobei niemand von seiner Religion abgebracht werden sollte.

Eine Ausnahme bildete das bikonfessionelle Dinkelsbühl, wo die *Constitutio Carolina* galt und ein katholischer Minderheits-Rat regierte. Denn dieser brach den Augsburger Religionsfrieden, indem er die Lutherische Kirchengemeinde bewusst ohne geistliche Führung ließ und elf Jahre lang keinen evangelischen Pfarrer einsetzte.

1566/1567 Zweite Evangelisch-Lutherische Landeskirche Das änderte sich erst unter Kaiser Maximilian II. Der katholische Rat musste einlenken. Die Besonderheit Dinkelsbühls, wo im Stadtstaat ein katholischer Rat eine evangelische Bevölkerung regierte, ermöglichte eine souveräne Evangelisch-Lutherische Landeskirche. Die katholische Ratsobrigkeit konnte keine Kirchenhoheit über Lutheraner ausüben. Die Landeskirche war, einzigartig im Reich, von der Staatsherrschaft völlig unabhängig. Die Evangelischen gaben sich selbst, angelehnt an Pfalz-Neuburg, eine Kirchenordnung und wählten zwölf Bürger als Kirchenobrigkeit ins Kirchenpflege-Amt.

Der Augsburger Religionsfriede von 1555 konnte die gespaltene Dinkelsbühler Bürgerschaft nicht befrieden. Der Lutheraner blieb Ketzer, der Katholik Götzendiener. Die nach dem Dreißigjährigen Krieg eingeführte paritätische Verfassung mit konfessioneller Gleichberechtigung in Rat und Amt änderte nichts an der erbitterten Feindschaft beider Teile.

Katholische Agitation gegen die Evangelisch-Lutherische Kirche (Foto 2007).

Martin Luthers Höllensturz *Um 1670 entstand das Aquarell eines Katholiken, das zeigt, wie die Evangelisch-Lutherische Kirche Dinkelsbühl zur Hölle und Verdammnis fährt. Über der Pfarrkirche St. Georg halten die Gottesmutter Maria und der Gründer der Papstkirche, St. Petrus, eine soeben gerissene Kette, sodass Luther rücklings in den Höllenschlund zu teuflischen Gestalten stürzt. Die Textzeile lautet: „Die Porten der Hölle werden sye nit ubergwaltigen".*
Der aus dem Lateinischen übertragene Begleittext bezieht sich auf die protestantischen Schwedenjahre 1632-1634: „Zwar meinten der feiste Luther und seine Anhänger, dass unsere Kirche bereits auf seine Seite gebracht sei. Aber diese höllische Kette Luthers und der Seinen zerbrach schmählich.

Evangelische Jubelmünzen Bei zwei evangelischen Jubelmünzen, 1755 geprägt zum 200. Jahrtag des Augsburger Religionsfriedens, lautet die Inschrift: „Unter Gott dem beschützer, hat geblühet, blühet noch, und wird auch ins Künfttige blühen, die Unüberwündliche Evangelische Kürche zu dinckelsbühl."

Kalenderstreit

1582 Mit die Kalenderreform von 1582 Papst Gregors XIII. mit einer Datumsverschiebung um 10 Tage flammten die Feindseligkeiten auf. Obwohl auf dem Augsburger Reichstag der verbesserte Kalender abgelehnt worden war, wies der katholische Rat die evangelischen Kirchenpfleger an, den neuen Kalender in der Evangelischen Landeskirche einzuführen. Er machte sogar das Zugeständnis, die Evangelischen dürften ihre konfessionellen Feste weiterhin nach dem alten Kalender abhalten. Doch diese wollten, wie ihre Glaubensgenossen im Reich, den *päpstlichen Kalender* nicht anerkennen. Zumal der Rat wegen der markgräflichen und oettingischen Protestanten aus wirtschaftlichen Gründen beschlossen hatte, die Messe- und Markttage nach dem alten Kalender abzuhalten.

1604 Mehrfache Drohungen Kaiser Rudolfs II., den neuen Kalender doch endlich anzunehmen, blieben bei den Evangelischen erfolglos. Schließlich gelang es einer kaiserlichen Kommission nach mehr als 20 Jahren, zwischen den Parteien einen Vertrag auszuhandeln, den der Kaiser 1604 ratifizierte.

In einem besonderen Schreiben ermahnte er die evangelischen Kirchenpfleger, die Abmachung auch einzuhalten. Indessen beeinträchtigte der katholische Rat nicht nur weiter die Rechte der Evangelischen, das Verhalten katholischer Bürger nahm fanatische Formen an.

Weihnachten 1624 Für das Weihnachtsfest mussten rund 80 Evangelische, die den Tag nach dem Alten Kalender feiern wollten, in die Kirche von Segringen ausweichen. Um Nachstellungen zu entgehen, kehrten sie auf Umwegen und durch verschiedene Stadttore heim.

Hexen und Hexer
auf dem Scheiterhaufen

Auf den Reichstagen zu Augsburg und Regensburg unter Kaiser Karl V. wurde 1530/1532 die *Peinliche Halsgerichtsordnung* ausformuliert und verabschiedet, die die gesetzliche Folterung bei Verhören regelte. Dieses Strafgesetzbuch mit Strafprozessordnung des Reichs, die *Carolina*, war in der Reichsstadt Dinkelsbühl die Rechtsgrundlage für die Verfolgung und Verurteilung von Hexen, Zauberern und Teufelsbannern. Seinen Höhepunkt erreichte der Hexenwahn in Deutschland in der Neuzeit zwischen 1570 und 1670 mit geschätzten 20 000 Hingerichteten.

Die erhaltenen Dinkelsbühler Archivalien zwischen Mitte 16. Jh. und 1700 konnten komplett als Forschungsergebnis vorgelegt werden. Es zeigt, dass der Rat Anschuldigungen nicht eifrig verfolgte, er wollte vielmehr den Sozialfrieden innerhalb des Stadtstaats nicht gefährden.

Ausschnitt des Titelblatts der Gerichtsordnung, Ausgabe 1569, im Stadtarchiv. Mit dem handschriftlichen Vermerk *Gehört uff das Rathhaußen* (Repro 2006).

Hexenprozesse unter katholischer Regierung

1557-1645 Das *Teufelswerk* war Ketzerei und wurde von den Landesherren unterschiedlich hart verfolgt. In den angrenzenden Territorien waren der katholische Fürstpropst von Ellwangen und der evangelische Markgraf von Brandenburg-Ansbach die Gerichtsherren. In der Reichsstadt Dinkelsbühl war der regierende *Kleine Rat*, auch der *Innere Rat* genannt, das Gerichtsgremium. Die bis nach dem Dreißigjährigen Krieg überwiegend katholischen 15 Ratsherren tagten im Sitzungssaal des Alten Rathauses und entschieden, ob es sich um Teufelswerk handelte und einen Prozess gab, über den Grad der Folter und das Strafmaß.

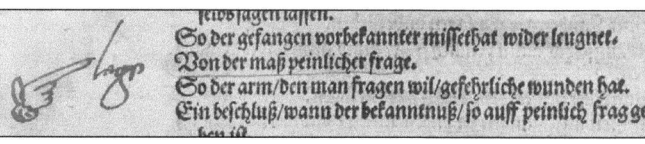

Randnotiz eines Juristen im Inhaltsverzeichnis der Dinkelsbühler *Carolina* im Stadtarchiv. Eine Hand und das Wort *hexe ver*weisen auf das Kapitel über das Maß der Folter (Foto 2006).

Zwischen 1557 und 1645 wurden sechs Prozesse verhandelt: In 3 Prozessen wurden 5 Frauen der Hexerei bezichtigt und nicht verurteilt. In den anderen 3 Prozessen wurden 7 Frauen der Hexerei bezichtigt, von denen 3 Frauen hingerichtet wurden. Somit stehen 12 Bezichtigungen 3 Todesurteile gegenüber.

Prozesse mit Todesfolge

1613 Der erste Dinkelsbühler Hexenprozess mit Hinrichtung betraf zwei katholische Schwestern aus der katholischen, fürstpröpstlichen Stadt Ellwangen, die nach Dinkelsbühl eingeheiratet hatten. Sie und drei weitere Dinkelsbühler Frauen waren in einem Ellwanger Hexenprozess bezichtigt worden. Eine der Schwestern war schwanger und durch Bezichtigungen schwer belastet. Sie bekannte sich gütlich und ohne Folterung zur Hexerei und wurde nach der Entbindung lebend verbrannt.

Die andere Schwester benannte, nachdem sie einmal ohne und einmal mit Gewicht an den Füßen hochgezogen worden war, zwei ihrer Hausangestellten und zwei alte Frauen als Hexen. Weitere Verhöre folgten. Eine Liste mit dem Geständnis ihrer in Ellwangen verübten Untaten wurde dorthin gesandt.

Der Rat verurteilte sie zur Hinrichtung mit dem Schwert und dem Verbrennen des Leichnams auf dem Scheiterhaufen. Über die von ihr und in Ellwangen bezichtigten Dinkelsbühler Frauen ist nichts bekannt, sie blieben wahrscheinlich straffrei.

1645 *Die Verurteilung einer evangelischen Hebamme wurde vom damals katholischen Rat beschlossen, der im Dreißigjährigen Krieg gegenüber Evangelischen wenig tolerant war. Die wegen Hexerei verhaftet Hebamme musste katholisch werden, wurde mit dem Schwert enthauptet und anschließend verbrannt.*

Hexenprozesse unter paritätischer Regierung

1650-1663 Auch nach dem Dreißigjährigen Krieg gab es wenige Hexenprozesse mit Todesurteilen. Zwischen 1650 und 1663 wurden 18 Prozesse verhandelt, in 4 Prozessen wurden 7 Frauen und 2 Männer zum Tod verurteilt.

Zwar hatten Hexerei und Zauberei auch in der reichsstädtischen Republik in Stadt und Land ihren Platz im Alltag, jedes Missgeschick konnte eine Beschuldigung auslösen. Aber im religiös gespaltenen Stadtstaat Dinkelsbühl mit zwei feindlich gesinnten Konfessionsfraktionen im Rat hatte der Innere Friede Vorrang. Unbedachte Beschimpfungen ohne nachweislich zugefügten Schaden wurden bestraft: Die Bezichtiger büßten mit Narrenhaus, Pranger, Gefängnis oder sogar mit ihrer Verbannung. Als mindeste Buße mussten sie der beleidigten Person öffentlich Abbitte leisten und deren Ehre und guten Namen wiederherstellen.

Dinkelsbühler Hexenstuhl im Haus der Geschichte Dinkelsbühl, von dem es zwei gab. Ein *Spitziger Stuhl* wurde für den größten Hexenprozess 1655/56 für 1 Gulden 30 Kreuzer geschreinert (Foto 2007).

Das bikonfessionelle Dinkelsbühl hatte, wie es der Friedensschluss des Dreißigjährigen Kriegs vorsah, eine paritätische Verfassung mit gleich starken konfessionellen Ratsfraktionen. Der Innere Rat, bestehend aus neun Katholiken und neun Evangelischen, war am Ratstag zugleich das Ratsgericht.

Es wurde in einem gründlichen, rechtsstaatlichen Verfahren eine tatsächliche Schuldursache gesucht. Eine Hinrichtung missliebiger Personen oder eine Bereicherung an Hab und Gut der Bezichtigten durch die Obrigkeit gab es nicht. Beim *peinlichen Verhör*, der Folter, sind keine sadistischen Übergriffe überliefert, hingegen berücksichtigte der Rat körperliche Gebrechen. Auch sexuelle Übergriffe oder eine frauenfeindliche Einstellung des Rats sind nicht bekannt. Es wurden zwar nur zwei Männer hingerichtet, aber Männer bezichtigten etwa gleichviele Männer und Frauen, dagegen beschuldigten Frauen doppelt so viele ihres eigenen Geschlechts als Männer.

Mit dem Schwert enthauptet wurden die Verurteilten am *Köpf-stock* oder *Rabenstein* oberhalb der *Armsünderkapelle* an der Bechhofener Straße, der Scheiterhaufen wurde vom Scharfrichter beim Galgen am Mutschachweg aufgeschichtet. Lebend verbrannt wurde eine Frau.

Prozesse mit Todesfolge

1655/1656 Von ihrem Ehemann wurde eine evangelische Frau des versuchten Giftmords angeklagt. Der Fall sollte unter Beratung des evangelischen Ratsjuristen, dem „Consulenten", beendet werden, als aufgrund der paritätischen Verfassung ein neuer katholischer Jurist angestellt wurde. Der Halsgerichtsordnung „Carolina" folgend, forderte er ein Folterverhör. So kam es zum größten Dinkelsbühler Hexenprozess. Die Beklagte beschuldigte ihre Mutter als Verführerin, danach weitere Frauen der Hexerei, darunter ihre Schwester und einige Ratsherrnfrauen. Von den insgesamt acht als Hexen erkannten Frauen wurden sieben verurteilt. Fünf wurden mit dem Schwert enthauptet, vier von ihnen danach verbrannt. Eine Frau starb ohne Eingeständnis und ohne Verurteilung im Gefängnis. Zwei Frauen, die trotz Folter ebenfalls standhaft geblieben waren, wurden aus der Stadt und den dinkelsbühlischen Landgütern verbannt. Die Angehörigen mussten für die Prozesskosten aufkommen und ein Bußgeld entrichten.

Von den weiteren bezichtigten Frauen und Männern wurden nur wenige vernommen, unter ihnen befanden sich schwer belastete Frauen zweier Ratsherren!

1658 Ein Mann wurde von einer Nachbarin und danach von seinem Schwiegersohn angeklagt, Beinlähmungen und Schmerzen verursacht zu haben. Er gestand unter der Folter, viele Personen mit Pulver vergiftet zu haben. Der Rat verurteilte ihn zur Hinrichtung mit dem Schwert und Verbrennung seines Leichnams.

1660/1661 Eine schwermütige Frau hatte sich umgebracht. Nun wurde ihre Schwiegermutter von den Eltern beschuldigt, den Selbstmord verursacht zu haben. Gegen die üble

Nachrede führte der Ehemann und Schwiegervater Klage vor dem Rat. Die schmähenden Eltern verteidigten sich, was zur Inhaftierung und Folterung der Schwiegermutter führte. Sie wurde wegen Vergiftungen mit „Drudenpulver" enthauptet und verbrannt.

1663 *Ein Bienendieb saß nach Prozessabschluss im Gefängnis und behauptete, der Teufel habe ihm die Ketten abgenommen und die Tür geöffnet. Unten habe er Gott angerufen, danach sei er wieder ins Gefängnis gegangen und habe sich eingeschlossen. Er wurde verhört, und nachdem er seine Diebstähle erneut bestätigt hatte, zum Tod mit dem Strang und einer „glimpflichen Exekution" verurteilt.*

Dreißig Jahre währender Krieg

Dinkelsbühl im Krieg

Der nebensächliche *Prager Fenstersturz* von 1618, eine Provokation des katholischen, kaiserlichen Statthalter Böhmens durch Reformierte, gilt als Auslöser der Kriegskatastrophe. Mit Unterbrechungen und ständig wechselnden Schauplätzen dauerte der Glaubenskrieg dreißig Jahre, wobei es sich um einen territorialen Machtkampf handelte.

Der Stadtstaat Dinkelsbühl litt schwer unter der Kriegslast. Von 1619 bis 1650 waren mehr als 45 Einquartierungen von Soldaten zu erdulden sowie Fourage an vorbeiziehende *Völker* zu leisten. Die jeweiligen Besatzer erpressten Sonderzahlungen, wozu die bestehenden kaiserlichen beziehungsweise schwedischen Kriegskontributionen kamen. Das Elend der schutzlos ausgelieferten Landuntertanen war unbeschreiblich. Mord, Brand, Raub entvölkerten Weiler und Höfe, weit mehr als die Hälfte des Hesselberglands lag verwüstet da. Nach Kriegsende listete die Stadtkammer den Schaden auf, den *die arme Stadt*

Dinkelsbühl im Krieg erlitten hatte: 1 709 773 Gulden oder 17 Tonnen Gold 9 773 Gulden.

Katholische Reichsstadt 1619 bis 1632

1619 Seit dem Frühjahr 1619 zogen Truppen durchs Land, der Malter Korn verteuerte sich auf das Dreifache. Ab 1624 nahmen in der Stadt die Durchmärsche und Einquartierungen zu, ebenso die Geldkontributionen und Wein-, Bier-, Brot- und Viehlieferungen. Allein die Landuntertanen hatten bis 1628 Unkosten von 134 938 Gulden, vier Jahre danach waren von der Stadtrepublik insgesamt bereits 267 500 Gulden gezahlt worden, wofür der Rat Kapital bei den Dinkelsbühler Stiftungen und Bürgern aufnehmen musste.

Als das protestantische Schwedenheer 1631 anrückte, wurde die katholisch regierte Reichsstadt aufgefordert, dem Kaiser treu zu bleiben. In dieser Hinsicht war allerdings von den gepiesackten Evangelischen in Stadt und Land wenig zu erwarten. Denn das Restitutionsedikt Kaiser Ferdinands II. und der gegenreformatorische Eifer der Dinkelsbühler Kapuzinermönche bewirkten das Gegenteil.

1622 Das Kapuzinerkloster In den ersten Kriegsjahren entbrannte durch die Niederlassung des Kapuzinerordens aller Hass. Unter Fürsprache Kaiser Ferdinands II. und des Augsburger Bischofs Heinrich von Knöringen beschaffte die katholische Ratsregierung 1622 am Berghang über der Stadt gelegene Grundstücke für den Klosterbau.

Die mitreißenden Prediger beherrschten über 185 Jahre lang das religiöse Leben. Sie predigten auch in der Stadtpfarrkirche St. Georg und führten in den nächsten Generationen rund 300 Gläubige in den Schoß der katholischen Kirche zurück. Im Alltag waren sie präsent durch Schauspiele und Prozessionen, die religiöse Ausstattung der Häuser mit Marienfiguren und Heiligenstatuen, aber auch die Errichtung von Kapellen, wie die Armsünderkapelle und die Kreuzkapelle beim Kloster, oder die Kreuzwegstationen an der Stadtmauer bezeugen ihren Einfluss und die damalige katholische Volksfrömmigkeit.

Klostergeschichte Geldgeberin war die in Salzburg ansässige Witwe Eva Maria Fleisch. Der Bischof setzte den Grundstein selbst und genehmigte die Abtragung der Doppelkapelle am Kirchhöflein bei St. Georg als Baumaterial. Zwar war die Friedhofskapelle mit Beinhaus seit der Verlegung des Kirchhofs um 1530 vor die Stadt überflüssig geworden, sie gehörte aber immer noch dem evangelischen Ratsgeschlecht Berlin. Eine besondere Provokation, die große Empörung bei den Lutheranern hervorrief.

Das Kloster wurde mit der Säkularisation 1803 verweltlicht, die Brüder wohnten jedoch bis zu ihrem Ableben darin. Bei der Mediatisierung der vormaligen Reichsstadt kam es 1810 an das Königreich Bayern. 1834 erwarb die Katholische Kirchengemeinde Kloster und Kirche, die es 1908 den Armen Schulschwestern verkaufte. 1960 wurde eine Wallfahrts-Gedenkstätte für die Gnadenorte der Heimatkreise Mies und Pilsen (Tschechien) errichtet. Seit 2013 ist das Klosteranwesen städtisch.

1629 Gegenreformation Mit dem Restitutionsedikt, mit dem Kaiser Ferdinand II. 1629 den Protestantismus vernichten wollte, trieb die Gegenreformation in Dinkelsbühl ihrem Höhepunkt entgegen. Alle Güter, die den Katholiken nach Einführung der katholischen Verfassung in Dinkelsbühl 1552 entfremdet worden waren, mussten zurückgegeben werden.

In den Dinkelsbühler Ortschaften wurden die evangelischen Geistlichen und Bediensteten abgesetzt, viele von ihnen wurden eingekerkert, einige sogar umgebracht.

Den Landuntertanen befahl man bei fünfzig Reichstalern Strafe, umgehend katholisch zu werden. Die evangelischen Reichsstadtbauern sahen aber nicht ein, dass sie in ihrem Dorf katholische Feiertage heiligen sollten, währenddessen die ebenfalls evangelischen markgräflichen Untertanen ungestraft auf den Feldern arbeiten durften. Viele Dörfler blieben ihrem lutherischen Glauben treu und ließen ihre Kinder in der Dinkelsbühler

Spitalkirche oder in Lehengütingen taufen. Drei Bauern aus Hellenbach wurden deshalb in den Gefängnisturm geworfen, jeder musste zehn Gulden Strafe bezahlen. Die letzten Druckmittel des katholischen Magistrats waren der Zwangsverkauf des Hofs und die Verbannung aus der Stadtrepublik.

Froschmüllers evangelisches Absingen Der Froschmüller Melchior Henning sollte zur Strafe hundert Gulden zahlen, weil er unter dem Stadttor evangelische Lieder abgesungen hatte. Die sehr hohe Summe wollte man dann auf fünfzig Gulden ermäßigen, wenn er bereit wäre, bis zur Bezahlung im Gefängnis einzusitzen. Außerdem sollte er seine Mühle innerhalb von 14 Tagen räumen, es sei denn, er bekäme vom katholischen Pfarrer Hill in Halsbach die Erlaubnis, zu bleiben. Er bekam sie von ihm – für zehn weitere Gulden.

Katholischer Pfarrerbrief Ortspfarrer Hill in Halsbach wies den Rat 1630 brieflich darauf hin, die Jugend dürfe das erste Abendmahl in keiner evangelischen Kirche empfangen, „sonst schlucken sie mit den lutherischen Brocken auch die lutherische Ketzerei hinein", wovon sie schwer wieder abzubringen seien, wie die Erfahrung lehre. Es sei dringend nötig, allen die evangelische Kirche zu verleiden.

Trotz aller harten Strafmaßnahmen kehrten nur wenige zum alten Glauben zurück. Die katholischen Dorfkirchen blieben schlecht besucht. Der Sinbronner Priester beklagte sich beim Stadtrat, dass zu Ostern fast nur Kinder und einige alte Männer gekommen seien, weder Frauen noch junge Leute. In Halsbach erschien zu Pfingsten kein einziger mehr in der Kirche.

1630 Wallenstein in Dinkelsbühl Im langen Krieg trat der Wendepunkt ein. Der kaiserlich-katholische Generalissimus Albrecht von Wallenstein, Herzog von Friedland, Sagan und Mecklenburg, schloss 1629 Frieden mit dem protestantischen König von Dänemark. Der Krieg schien beendet zu sein, König Gustav von Schweden zögerte, in Norddeutschland einzufallen, weshalb

Wallenstein auf Geheiß Kaiser Ferdinands II. seine Regimenter nach Süden in Marsch setzen musste. Er selbst wickelte seine Amtsgeschäfte ab und erwartete seinen Abschied. Macht- und truppenlos reiste er über Nürnberg und Rothenburg nach Dinkelsbühl, wo er am 20. Juni 1630 mit 40 Bagagewägen und 150 Reitpferden eintraf.

Möglicherweise speiste und übernachtete er in der Rats- trinkstube gegenüber der Stadtpfarrkirche, wie es vier Jahre später sein Widersacher König Gustav Adolf tun sollte. Insgesamt aßen und tranken die Gäste samt ihren Pferden für 414 Gulden und 11 Kreuzer, die die Bürger von der Stadtkammer gegen Rechnung erstattet bekamen.

Währenddessen hungerte das Volk. Die Stadt war bei der kaiserlichen Kriegskasse mit fast 4 000 Gulden im Rückstand und hatte sich für zahlungsunfähig erklärt. Daraufhin waren Piccolominis Pressreiter eingerückt, um die Kontribution einzutreiben. Der Rat ließ bei den Bürgern Silber- und Goldwaren im Wert von 400 Gulden einsammeln und gab 1 100 Gulden Bargeld dazu.

Schwedenzeit 1632 bis 1634

1632 Stadteinname Die Tage der schwedischen Stadteinnahme bilden die historische Szenerie des Festspiels *Die Kinderzeche*. Der seit 1630 in Deutschland erfolgreich vordringende *Retter des Protestantismus*, König Gustav Adolf von Schweden, lagerte Ende März/Anfang April 1632 in Weißenburg und ließ Obrist Claus Dietrich von Sperreuth mit dem Auftrag zurück, sein Quartier in Dinkelsbühl zu nehmen.

Dessen Regimentsquartiermeister meldete sich mit einem königlichen Patent am 24. April mit 26 Reitern vor der Brücke am Äußeren Wörnitztor. Sperreuth forderte die Stadt auf, *sich gutwillig in Ihro Königl. Majestät Protektion* zu geben und *Kontribution* zu bezahlen. Er drohte andernfalls mit einer Handelsblockade und damit, die Stadt mit weiteren Truppen zur Übergabe zu zwingen.

Der Rat lehnte mit dem Hinweis ab, man sei *je und allwegen von viel hundert Jahren hero in der Röm. Kais. Majestät Schutz und Verspruch gewesen* und es sei nicht verantwortbar, *von solchen geleisteten schweren Pflichten und Eiden abzuweichen*.

Infolgedessen stellten die Schweden an den Straßen Wachen auf, trieben Vieh fort und drangsalierten die Landuntertanen. Es kam auch zu Waffengeplänkeln. Bürgermeister und Rat berichteten dem kaiserlichen Feldmarschall von Aldringen von *streunenden schwedischen Reitern*, und über das schwere Los der Bauern, bei denen *erbärmlich hausgehalten* und alles Vieh weggetrieben werde, *an Ross, Ochsen, Rinder und Schafen nichts ausgenommen, ... also dass sie den Sommerbau liegen lassen müssen.* Über den schwedischen Vormarsch sei *unter allen Unkatholischen ein solch Frohlocken, dass es nicht wohl zu schreiben* sei. Man befürchte eine Rache der evangelischen Bürger, dass sie *die Katholischen alle niederhauen und den Unkatholischen einen Galgen [als Erkennungszeichen] an die Haustüren machen.* Feldmarschall von Aldringen konnte aber keine Entsatztruppen schicken.

Die proschwedische Stimmung der Bürger wurde aufständisch. Auf das Gerücht hin, der Rat wolle nachts zur Verstärkung tausend Ellwanger Katholiken in die Stadt holen, hielten die Evangelischen *in allen Vierteln fleißige Wacht.* Zwei Tage später hielten sogar einige von ihnen mit schwedischen Reitern vor dem Tor einen Umtrunk.

Die Bürgerschaft verstärkte den bei Kriegsentscheidungen zuständigen Äußeren Rat durch einen vierzigköpfigen Ausschuss, der aus fünf evangelischen und fünf katholischen Bürgern je Stadtviertel bestand. Doch der regierende Innere Rat blieb bei seinem harten Kurs. Bitter enttäuscht versammelten sich am 8. Mai über zweihundert Bürger und übergaben eine Petition, in der sie vom Rat die Stadtübergabe forderten.

Die Situation spitzte sich weiter zu, als der Sperreuthsche Regimentsquartiermeister eine *runde Erklärung* forderte. Sein oberster Wachtmeister sei in der Koboldsmühle vor der Stadt.

Der katholische Innere Rat verkannte die Lage. Obwohl ihm die evangelischen Bürger im Nacken saßen, im Äußeren Rat war weniger als ein Drittel katholisch-kaisertreu, vor den Mauern die Schweden streiften und vom kaiserlichen Heer keine Unterstützung zu erwarten war, beharrte man auf der katholischen Position. Überheblich verlangte der Innere Rat, die Schweden sollten *Vieh und die Leute passieren lassen, auch Essen und Trinken, auch anders* in die Stadt hineinlassen. Als der schwedische Regimentsquartiermeister diese Zumutung vernahm, drohte er, es werde in 24 Stunden in der Stadt *an 4 Orten Feuer angesteckt.*

Daraufhin entschied sich der Rat schließlich für die Stadtübergabe. Am Sonntag, dem 9. Mai, *hat man Herrn Obristen Sperreuths Geiseln, einen Regimentsquartiermeister und einen Leutnant samt ihren Dienern, hereingelassen,* im Gegenzug seien *die von gmeiner Stadt Abgeordneten mit einem schwedischen Konvoi nach Weißenburg geritten.*

Die Abordnung bestand aus zwei Katholiken und zwei Evangelischen, denen man einzuhaltende Vertragspunkte mit auf den Weg gab, die den politischen wie religiösen Status quo garantierten: Kirchen, Klöster und Geistliche bleiben wie sie sind, die katholischen Bürgermeister und Räte bleiben im Amt, die Stadt wird von Einquartierung verschont, eine erschwingliche Kontributionszahlung, Munition und Bewaffnung bleiben städtisch.

Noch am Ankunftstag erhielten die reichsstädtischen Abgesandten Audienz bei Sperreuth, wurden aber von ihm über *die Maßen spöttlich und ungnädig empfangen.* Sperreuth sagte, er habe nicht die Absicht, sich mit ihnen vertraglich zu einigen, und drohte an, die zwei Katholiken in Arrest zu nehmen, *weil die Päpstlichen in allem schuldig sein.*

Am nächsten Tag zeigte sich Sperreuth überaus friedfertig. Er wollte Anordnungen für Quartier, Garnison und Kommission geben, *die wohl erschwing- und erträglich* seien.

Am Tag darauf, Dienstag, dem 11. Mai 1632, brach man gemeinsam nach Dinkelsbühl auf. Gegen vier Uhr nachmittags ritt der schwedische Obrist Claus Dietrich von Sperreuth durch die beiden geöffneten Wörnitztore in der Reichsstadt Dinkelsbühl ein, ohne einen Schuss abgefeuert zu haben. Die Schlüssel der

Stadttore, der Türme und des Zeughauses mit den Waffen wurden ihm formlos vom Stadthauptmann überreicht. Erst am folgenden Tag erstatteten die zwei katholischen Abgeordneten dem Inneren Rat Bericht. Daraufhin machten einige Abgeordnete des Inneren und des Äußeren Rats sowie ein paar Männer aus *gmeiner Bürgerschaft* Sperreuth ihre Aufwartung.

Sperreuth forderte Unterkunft und Verpflegung für seine Truppen, 20 000 Reichstaler und eine paritätische Ratsversammlung mit gleich vielen anwesenden evangelischen und katholischen Räten. Dementgegen traf eine Woche später König Gustav Adolfs strenge Anweisung ein: *Den Rat zu Dinkelsbühl werdet Ihr gänzlich Abschaffen und einen neuen evangelischen wählen.* Den Katholiken wurde die Pfarrkirche St. Georg genommen und stattdessen die Karmeliterkirche zugewiesen.

Zwei Tage nach der Vertragsunterzeichnung durch die Stadtoberen gelobte die Bürgerschaft im Hof des Rathauses König Gustav Adolf II. von Schweden die Treue.

1632 König Gustav Adolf und Königin Elenore in Dinkelsbühl Der protestantische König Gustav Adolf von Schweden und Herzog von Franken musste nach Nürnberg ausweichen, weil sich die katholischen Truppen unter dem erneut zum kaiserlichen Generalissimus ernannten Albrecht von Wallenstein vereint hatten. Gustav Adolf legte um die evangelische Reichsstadt einen gewaltigen Verteidigungsring. Zur Versorgung der Söldner und der Bürgerwehr musste auch das unter dem Kommando von Rittmeister Andreas von der Osten stehende Dinkelsbühl beitragen. Dagegen verschanzte sich Wallensteins Heer mit 70 000 Menschen bei Zirndorf. Nach zweimonatiger Belagerung scheiterte König Gustav Adolfs Versuch, das riesige Feldlager Wallensteins im Sturm zu nehmen. Er verlor ein Drittel seiner Truppen und zog über Rothenburg zum schwedisch-lutherischen Dinkelsbühl.

Mit dabei war seine Gemahlin Maria Eleonora, die Schwester des Kurfürsten von Brandenburg, die ihm mit 1 000 Reitern, elf Kutschen und zwölf Reisewägen, zwölf Bediensteten und einem als Kapuzinermönch verkleidetem Äffchen auf den Kriegszügen nachzureisen pflegte. Ein Chronist berichtet, auch Prinzessin Christina sei damals in Dinkelsbühl gewesen.

Als der Rat am 28. September 1632 vom Kommen der Majestäten erfuhr, teilte man jeweils Verantwortliche für Brot, Fleisch, Wein und Bier, zu den Fischen, zum Haber, zum Heu und Stroh ein, sowie den Küchenmeister, Quartiermeister, Postmeister und weitere. Der Pfarrer sollte eine Predigt aufsetzen, der Stadthauptmann gute Ordnung bei Wache und Posten herstellen, von drei Türmen sollten Kanonen eine Ehrensalve schießen, die Glocken sollten geläutet werden und die Musikanten auf einem bestimmten Platz bereitstehen. Für den Empfang selbst war geplant: *Der ganze Rat soll Ihr Majest. entgegen gehen und die Stadtschlüssel offerieren. Es soll auch die ganze Burgerschaft sich in armis [Waffen] wohlgerüst präsentieren.*

Überraschend wurde dann zwei Tage später während der Ratssitzung gemeldet, dass der König *noch diesen Abend mit Dero Armee in wenigen Stunden allhie ankommen werden.*

Als königliches Quartier war die Ratstrinkstube vorgesehen, das *Gustav-Adolf-Haus.* Da der Platz nicht ausreichte, wurde das Nachbarhaus dazu genommen, das Gasthaus Zur Glocke.

Notiz eines katholische Bürgers *Ein katholischer Bürger notierte über den Königsbesuch nüchtern: „Den 30. kommt der König samt der Königin hieher, hat 3 Soldaten henken lassen, die Pfarrkirch gar nicht besucht; muss verlesen, dass der Sperreuther die Kirch den kathol. genommen; ritt in das Lager auf dem Briel [Brühlwiese vor dem Nördlinger Tor], zur Artillerie auf den Hof [auf der gegenüberliegenden Anhöhe]."*

Bericht eines evangelischen Chronisten *Dagegen schwärmte der evangelische Andreas Friedrich Mögelin in seiner Chronik hundert Jahre danach vom Königsbesuch, „woselbst Ihro Königl. Maj. nebst Dero Königl. Frau Gemahlin und einziger Prinzessin Christina samt der ganzen Generalität unter großen Jauchzen und Frohlocken der erquickten Ev. Zuwohner höchst beglückt den Einzug gehalten".*

Am Montagvormittag, dem 4. Oktober 1632, ritt der König *um die Stadt*, er begutachtete die Befestigung und befand sie offensichtlich in Ordnung. Danach reiste die königliche Familie nach Nördlingen ab.

Das letztes Porträt Gustav Adolfs *In diesen Tagen skizzierte der 24-jährige Dinkelsbühler Maler Sebastian Reigel ein Ganzporträt des Schwedenkönigs, das er nach dessen Abreise in Öl ausführte. Es sollte das letzte nach dem Leben gemalte Bildnis Gustav Adolfs sein. Wenige Tage nach dessen Tod im November wurde es dem Dinkelsbühler Rat überreicht, wofür Reigel laut Kammerrechnung 24 Gulden erhielt:* „*Uff eines ehrsamen Rats Befehl dem Sebastian Reigel, Maler, welcher denselben der Königl. Majt. zu Schweden, unsers gnädigsten Herrns Contrave verehrt, zur Recompens bezahlt 24 fl.*"

Letztes Porträt König Gustav Adolfs im Museum Dinkelsbühl von Krieg und Frieden, Sebastian Reigel, 1632 (Foto 2006).

Unkosten Für Dinkelsbühl war dieser Königsbesuch kein billiges Vergnügen. Neben den Unkosten von 1 088 Gulden 14 Kreuzern sollte die Stadt 8 000 Reichstaler „zur Bezahlung der Fuhrleut" des Kanonenzugs geben. Als der Rat erklärte, die Stadt könne das Geld beim besten Willen nicht aufbringen, drohte der schwedische Rentmeister, die vermögenden Bürger müssten die nötige Summe aufbringen, sonst würde die Stadt „mit Winterquartier hart belegt" werden. Die Bürgerschaft brachte immerhin 2 000 Taler zusammen, was den Rentmeister zufriedenstellte.
Auch die Übernachtung von Königin Eleonora bei ihrer Rückreise am 26. Oktober desselben Jahres kostete die Stadt eine enorme Summe.

1632 Der Tod des „Löwen aus Mitternacht" am 6. November 1632 in der Schlacht bei Lützen berührte auch die Dinkelsbühler Bürgerschaft schmerzlich. Genau ein Dritteljahr nach seinem Besuch, am 30. Januar 1633, wurden für den *Gideon* der protestantischen Kirche ein Leichengottesdienst sowie Bet- und Fasttage abgehalten. Die Dinkelsbühler standen hinter ihrem schwedischen Stadtherrn, trotz aller Kriegsübel.

Denn die Kriegsfurie wütete schlimm im Land, die Soldateska machte keinen Unterschied zwischen Freund und Feind und hinterließ eine verwüstete Region. In der Reichsstadt erwies sich der Obrist von Sperreuth als rücksichtsloser Besatzer, der das Letzte herauspresste. Er kehrte wiederholt in sein Patrizierhaus zurück, Altrathausplatz Nr. 4, ein *Geschenk* des Rats, das zuvor einem der katholischen Hauptschuldigen gehört hatte, dem Geheimen Rat Benedikt Schad. Sperreuths *Gesindlein* hauste im Deutschordenshof auf dem Dönersberg.

1632/33 Hitzige Krankheit Die Situation verschärfte eine Seuche, von der in den Leichenpredigten als der „hitzigen Krankheit" zu hören ist. Betroffen waren die evangelischen Eheleute Catharina und Martin Baumgartner, über sie predigte Pfarrer Michael Müller: „Vor wenig Tagen hat sie Gott der Herr mit der jetzt regierenden Krankheit, und zwar die Weibsperson zuerst, angegriffen, also stark, dass sie per Intervall und zu Weilen wider sich selbst geredt [...] bis Gott der Herr sie aus solchem elenden Zustand und allem Übel durch ein seliges Stündlein" erlöst hat. Ihr Mann, der das Abendmahl während seiner Krankheit empfangen konnte, starb nach ihr.

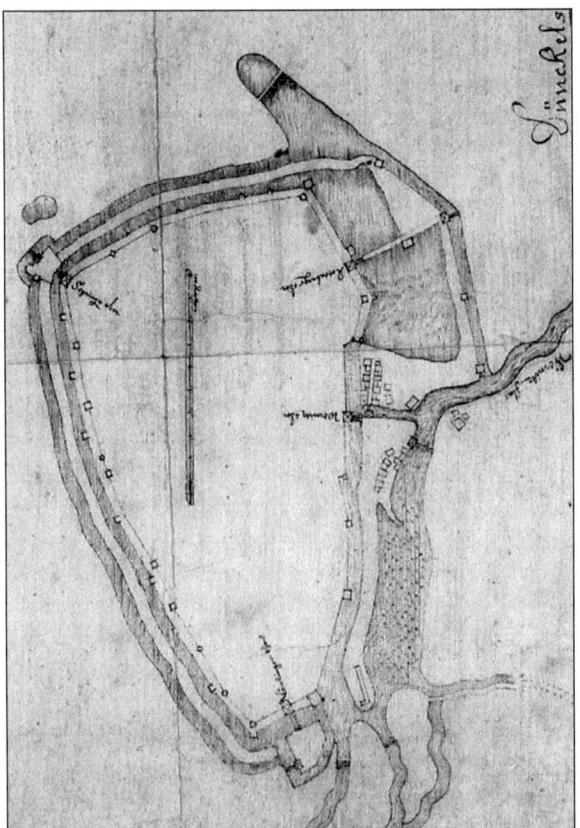

Für künftige Belagerungen ließ der Schwedische Kommandant von Rosa beim Abzug aus Dinkelsbühl 1634 eilig die Skizze der Stadtbefestigung anfertigen. Auffallend fehlerhaft ist die Wörnitzvorstadt gezeichnet (Schwedisches Kriegsarchiv, Kopie Stadtarchiv, Repro 2010).

1634 Ende der Schwedenstadt Die Dinkelsbühler Schwedenzeit endete nach der verlorenen Schlacht bei Nördlingen. Der siegreiche katholisch-kaiserliche General von Gallas forderte den befehlshabenden schwedischen Obristleutnant von Rosa zur Übergabe auf. Nach der Unterzeichnung des Kapitulationsvertag vom 13. September 1634 zogen die Schweden ab. Sie besetzten Dinkelsbühl noch einmal 1646/1647 und 1648.

1634 Nach zwei Jahren und vier Monaten Schwedenherrschaft war die Reichsstadt wieder in katholischer Hand. Für die Bürger bedeutete das eine Umkehr der Verhältnisse. Ein katholischer Minderheitsrat regierte, die vorherigen evangelischen Räte wurden mit Gefängnis und Geldbußen abgestraft. Die St. Georgskirche war erneut katholisch, die Kapuziner nahmen wieder ihr Kloster in Besitz, der Gregorianische Kalender wurde ein zweites Mal angeordnet.

Beulenpest Die Lebenssituation der Einwohner verschlimmerte sich außerordentlich durch Teuerung und Pestilenz, die 1634/35 mehr als 1 000 Einwohner dahinraffte. Für den evangelischen Diakon Rabus war es Alltag, dass „der Pestilenzwagen bald für dieses, bald für jenes Haus kommt". In der Stadt lebten vor Beginn des Dreißigjährigen Kriegs 800 Bürger und 400 Pfahlbürger sowie deren Angehörige.

Belagerungen und Frieden

1645-1647 Die vier Hauptbelagerungen Während des Dreißigjährigen Kriegs überstand die Reichsstadt Dinkelsbühl acht Belagerungen. Die Hauptbelagerungen mit Angriffen vom Höhenrand beschädigten die Stadt schwer.

Im August 1645 nahmen die auf evangelischer Seite kämpfenden Franzosen und Hessen die Stadt nach heftigem Beschuss ein, und im November desselben Jahres die katholischen kurbayerischen Truppen. Danach wechselte die Herrschaft per Vertrag. Im September 1646 besetzten die evangelischen Schweden die Stadt zum zweiten Mal und hausten im Umland übel, der Rat war dieses Mal katholisch geblieben. Nachdem sie die Bürgerschaft ausgeplündert hatten, zogen sie im folgenden

Jahr ab und überließen die Stadt erneut den katholischen Kur-
bayern.

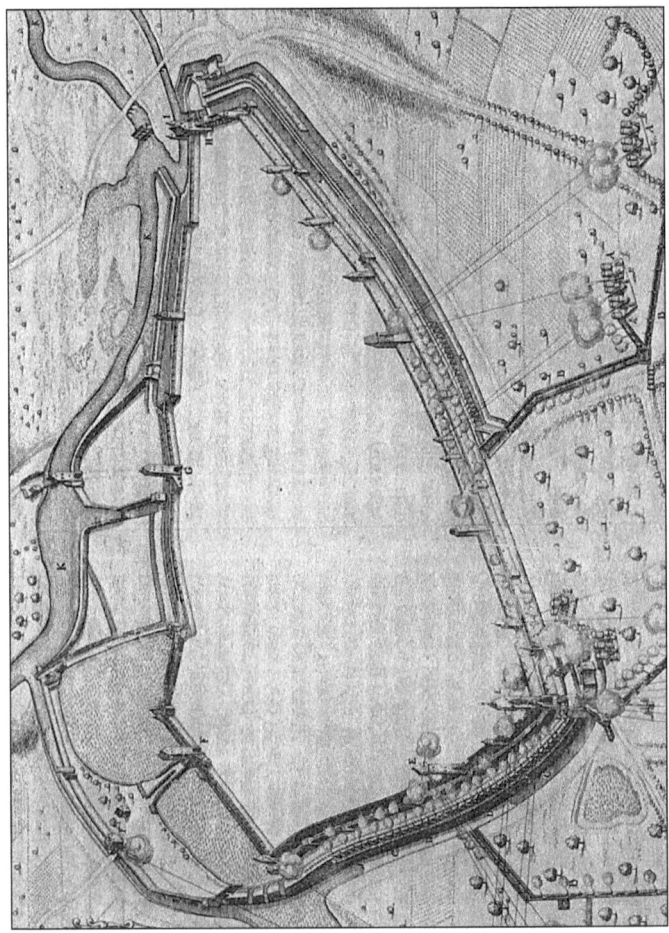

Stich zur Erinnerung an die schwedische Belagerung und Eroberung im
April 1648, angefertigt von Kupferstecher Carl Henric de Osten für den
Generalquartiermeister Cornelius van den Busch (Ausschnitt, Repro
2014).

1648 Die letzte der vier Hauptbelagerungen erfolgte im letzten Kriegsjahr vom 7. bis 11. April 1648 durch die evangelischen Schweden. Generalfeldmarschall Wrangel hatte seine Geschütze vor dem Segringer Tor an beiden Seiten platziert und ließ die Stadt stark beschießen. Es wurden die vorgelagerten Torbastionen, der Wall, die Zwinger und Stadtmauern, die Tore und Türme *eingeschossen und ruiniert*, wie die Stadt nach dem Krieg beklagte. Um freies Schussfeld zu haben, wurde die St. Leonhardskirche beim Friedhof zerstört, es wurden um die Stadt 1 000 Bäume umgehauen, die Fischweiher abgelassen, die Ziegel- und Kalkbrennhütten, die Mühlen, Zäune und Gärten dem Erdboden gleichgemacht. Von den drei Jahrmärkten mussten der St. Georgsmarkt im April und der St. Ursulamarkt im Oktober ausfallen.

In der Stadtkammerrechnung wurde vermerkt: „St. Georgen- und Ursulamarkt ist wegen, dass die schwedische Armee im Aprilen Anno 48 diese arme Stadt eingenommen, und in Oktober darauf mit 30 Regimentern Reitern belegt, nit gehalten worden."

Bürgerrecht für tapferen Boten *Der amtierende katholische Magistrat des Stadtstaats war sich der finanziellen Opfer und körperlicher Strapazen seiner Untertanen durchaus bewusst. Unmittelbar nach Kriegsende belobigte man Hanns Bronnemann, den „ordinari Boten" nach Augsburg. Er war nur schlichter Einwohner, nicht einmal Pfahlbürger mit minderen Rechten und Pflichten eines Bürgers.*
Ihm, seiner Ehefrau und fünf minderjährigen Kindern wurde das Bürgerecht geschenkt. Was 16 Gulden ausmachte, von einem Besitznachweis und den eigentlich benötigten zwei Bürgen sah der Rat in diesem speziellen Fall „großgnädiglich" ab. Hanns Bronnemann hatte „bei diesen Kriegs Freund- und Feindeszeiten „schwer und saure" Botenreisen mit großen Leib- und Lebensgefahren" gemacht, „und zwar zu Zeiten, da nämlich schier gar niemands hinaus gewollt".

1645-1651 Paritätische Friedensverfassung Bei den westfälischen Friedensverhandlungen, die 1645 in Münster und Osnabrück begannen, trug die evangelische Dinkelsbühler Seite eine konfessionell-politische Parität beider Religionen vor, was trotz großer katholischer Widerstände dann im Friedensinstrument 1648 geregelt wurde. Dennoch wehrte sich der katholische Rat weiterhin mit Protestnoten gegen *diese höchste Ungerechtigkeit* und *Hab und Gut aussaugende, Leib und Seel verderbliche Parität.*

Im Dinkelsbühler Einigungsvertrag vom 14. Mai 1649 zeigten sich die Katholiken endlich mit einer paritätischen Stadtverfassung einverstanden. Sie garantierte die gleiche Personenzahl beider Konfessionen in Rat und Verwaltung. Verbunden damit war der Wunsch, Magistrat und Bedienstete mögen in Einigkeit die Stadt *zu altem Flor und Wohlstand wiederum bringen* und die Bürgerschaft *sich eines bürgerlichen friedlichen Wandels befleißigen.* Bald darauf regierten im Inneren Rat vier Bürgermeister, die sich vierteljährlich als Amtsbürgermeister abwechselten, und vier Geheime Räte und 10 Räte. Der Äußere Rat bestand aus 50 Ratsherren.

Doch der vorhandene Glaubenshader machte weitere Dinkelsbühler Friedenschlüsse nötig, und erst 1651 gestanden die Katholiken den Evangelischen eine eigene Lateinvorschule zu.

Da im westfälischen Friedensvertrag der 1. Januar 1624 als Stichtag festgelegt wurde, an dem zufällig die St. Georgskirche katholisch gewesen war, musste sie den Katholiken überlassen werden. Die zahlreichen Lutheraner mussten sich wieder mit der Hospitalkirche begnügen, allerdings erhielten sie die Zusicherung, sich ein größeres Gotteshaus bauen zu dürfen. Dies sollte ihnen erst 200 Jahre später im Königreich Bayern gelingen.

Immerhin beendete die paritätische Stadtverfassung den hundertjährigen Existenzkampf der Evangelisch-Lutherischen Landeskirche und brachte den Evangelischen die Geleichberechtigung. Politisch erwies sich die neue Verfassung mit einem derartigen konfessionellen Ungleichgewicht der Bürgerschaft bei zwei gleichstarken, verfeindeten Religionsfraktionen als größte

Fehlentscheidung der Reichsstadtgeschichte. Letztlich bestimmte bis zum Reichsende eine katholische Minderheit über die mehrfache evangelische Bevölkerung. Denn auch alle Verwaltungsämter wurden in gleicher Personenzahl aus beiden Konfessionen besetzt.

In der gespaltenen Bürgerschaft herrschten weiterhin Misstrauen und Missgunst, Hass und Hetze. Eine einvernehmliche Gestaltung der reichsstädtischen Zukunft war bei kleinlich auf ihrem Recht beharrenden Ratsherren selten zu erreichen. Das Gemeinwesen verkämpfte sich im endlosen Religionszwist, der Niedergang der Reichsstadtrepublik war damit vorprogrammiert, sie schlitterte in ein Desaster.

Juden, zum Nutzen der Stadt

1636 Aufnahmezwang Die Kriegslasten des Dreißigjährigen Kriegs hatten Handwerk und Handel schwer geschädigt, die Kaufkraft der Bürger war wegen der Teuerung gering, die städtische Steuereinnahme durch das vergangene Pestjahr zusätzlich gemindert. Die Reichsstadt konnte ihre Kriegsabgaben wiederholt nicht bedienen. Auf Verlangen einer kaiserlichen Kommission musste der katholische Rat 1636 sechs jüdische Familien als Schutzverwandte in die Stadt nehmen, die 700 Gulden in bar an die Reichskammer und 200 Gulden an den kaiserlichen Hof zahlten.

1251-1400 Erste Judengemeinden Es waren nicht die ersten Juden in der Stadt. Kleinere jüdische Gemeinden gab es schon um 1251 und 1341, die mit den allgemein stattfindenden Judenverfolgungen endeten.

Nachweislich erhielt die Reichsstadt 1372 das Privileg, Juden als *königliche Kammerknechte* aufzunehmen und ihren *Nutzen* daraus zu ziehen. Fünfmal erneuerten und bestätigten Könige und Kaiser dieses Recht.

Überraschend führte die Dinkelsbühler Ratsoligarchie der vermögenden Geschlechter 1384 eigenmächtig eine Judenschuldentilgung durch. Der Rat nahm den Juden die bürgerlichen Schuldbriefe ab und trieb das Geld mit einem Nachlass von den Bürgern ein. Darauf folgte eine solche Schuldenminderung durch König Wenzel, so dass die wirtschaftlich ruinierten Juden Dinkelsbühl bis 1400 verließen.

1636-1713 Städtische Juden Eigentlich sollten die 1636 der Stadt als *Schutzverwandte* aufgezwungenen Juden Ende des Dreißigjährigen Kriegs die Stadt verlassen. Dennoch blieben einige in Dinkelsbühl, eine *Synagoge* wird 1663 genannt, es gab auch eine *Mikwe*, wahrscheinlich im Kellerraum Segringer Str. 4.

> *Der jüdische Handel war rege. Beispielsweise kamen 1680 aus 44 Orten insgesamt 301-mal jüdische Händler nach Dinkelsbühl, darunter aus Schopfloch 78-mal, Feuchtwangen 33-mal, Wittelshofen 23-mal, Oettingen 14-mal und aus Wassertrüdingen 8-mal.*

Die Reichsstadt führte einen Leib- oder Kopfzoll ein, den auswärtige Juden am Stadttor entrichten mussten, wenn sie hausieren, Geldhandel betreiben oder einkaufen wollten. Einen günstigeren Jahresvertrag konnten die *eingekauften Juden* der Nachbargemeinden mit der Stadt aushandeln, was sofort Geld in die Stadtkasse brachte.

Wiederholt wiesen kaiserliche Kommissionen den Dinkelsbühler Magistrat an, die Juden *hinauszuschaffen*, aber dem kamen die Ratsherren nicht nach, weil sie mit den Juden in lukrativer Geschäftsbeziehung standen. Der Familie Frommele wurde stattdessen sogar vertraglich das lebenslange Schutzrecht zugesichert, der letzte Frommele verkaufte 1713 wegen Überschuldung sein Haus und zog in den Nachbarort Schopfloch.

Zollvertrag von 1767, Jahresvertrag für „eingekaufte Juden" mit der Reichsstadt Dinkelsbühl. Unterschriftenliste der beteiligten ansbachischen und oettingischen Schutzjuden (Stadtarchiv, Repro 2010).

1786-1938 Wohnjuden und Mitbürger Bereits ab 1786 wohnten wieder Juden in der Reichsstadt, Rechte bekamen sie erst im Königreich Bayern. Bis zum Exodus 1938 hatten sie Wohnungen in einem Fünftel der Altstadthäuser. Die Seele der Judengemeinde war der aus Schopfloch stammende Seligmann Hamburger, der 1862 das Haus Klostergasse 9 kaufte. Hier besaßen die Bürger mosaischen Glaubens ab 1882 eine Zimmersynagoge, später auch eine Mikwe, hier wurde Religionsunterricht erteilt und war zuletzt die Jüdische Sonderschule.

Durch die nationalsozialistische Diktatur und die antisemitische Hetze nahm in Dinkelsbühl die Judenfeindlichkeit zu. Nach der Reichspogromnacht 1938 (siehe dort) verließen alle Juden ihre Heimatstadt.

Das Fest der Schul- und Kinderzeche

Die Wurzeln Die Dinkelsbühler Glaubensspaltung brachte zwei Schulfeste hervor, die katholische Schulzeche und die evangelische Kinderzeche, die im 19. Jh. die katholischen Schüler integrierte.

Seine Wurzeln hat das Schulfest, das als katholischer Schülerausflug zum Schuljahresende begangen wurde, in einem vorreformatorischen Kirchenbrauch, den der Rat mit Einwilligung des Pfarrers Mitte 15. Jh. für die Latein- und Chorschüler der Kirche St. Georg einführte. Der Nürnberger Rat erkundigte sich 1475 danach, er wollte Näheres über diese Dinkelsbühler Neuerung wissen. Vier Schüler gingen mit Fähnchen und Laternen und mit Lobgesang dem Priester voraus, wenn er in einem Haus das Sterbesakrament, die letzte Ölung, vollzog. Dabei sollte eine Glocke geläutet werden, damit sich andere Schüler und Fromme dem Zug anschließen könnten. Zur Belohnung erhielten die Schüler vierteljährlich einen Geldbetrag, der umgerechnet jährlich 4 Gulden betrug, die Summe, die sie auch beim späteren Ferienausflug erhielten.

Sicher endete diese städtische Gründung mit der Reformation und dem Bestehen einer Evangelisch-Lutherischen Staatskirche Dinkelsbühl. Als dann 1552 eine katholische Ratsverfassung in Kraft trat, organisierte der Magistrat, wohl in Erinnerung an den Priesterumzug, für die katholische Lateinschule eine „Schulzeche", einen Schulausflug mit Vespereinkehr in einem Wirtshaus. Jedenfalls spendierte in der paritätischen Zeit die Stadtkammer nach der konfessionellen Aufspaltung des Schulfests Mitte 17. Jh. beiden Teilen etwas für ihre Zechen.

1629 Katholische Schulzeche Erstmals schriftlich belegt ist der Dinkelsbühler Zechausflug der katholischen Lateinschüler 1629 – drei Jahre vor dem Einzug des Schwedenobristen Sperreuth, dem Verursacher der Kinderzechsage. Zu dieser Vorgängerfeier der Kinderzeche heißt es in der Abrechnung der katholischen Kirchenpflege für Lehrer und Chorleiter: *Item M[agister]und Cantoribus, als sie die Jugend ausgeführt zur Zech, geben 3 Gulden.* Und die Rechnung der katholischen Stipendiatenpflege, die die Kosten für sechs mittellose Latein- und Chorschüler aufbrachte, lautet: *Item den 6 Schulbuben in die Vakanz zum Verzehren geben 1 Gulden.* Zusammen erhielten sie somit 4 Gulden Schulzechgeld am Ferienbeginn.

1654 Entstehung der evangelischen Kinderzeche Eine evangelische Lateinschule konnten die Protestanten offiziell erst 1654 eröffnen, fünf Jahre nach Bestehen der paritätischen Stadtverfassung. Ihre erste „Kinderzeche" mit Lehrern und Ausflug in ein Dorfwirtshaus fand umgehend statt, man wollte den Katholiken in Nichts nachstehen. Weil die Evangelischen den gregorianischen Kalender nicht anerkannten, gab es stets zwei getrennte, um eine Woche verschobene Schulfeiern. Die katholische Schulzeche richtete sich nach dem St. Ulrichstag, die evangelische Kinderzeche nach dem St. Margaretatag.

Die große Mehrheit der Einwohnerschaft war evangelisch, und weil an ihrer Kinderzeche nicht nur die Lateinschüler, sondern auch die Mädchen und Buben der Deutschen Schulen teilnehmen durften, entwickelte sich daraus ein Heimat- und Volksfest. Währenddessen feierte man die katholische Schulzeche später bescheidener mit Tänzen und Geschenken im Schulhaus.

um 1750 Historisierung und Kommerzialisierung Die Kinderzeche wurde historisiert, das Fest verband sich mit den Ereignissen des Dreißigjährigen Kriegs. Die Knaben begannen, sich militärisch zu kleiden, die Schüler bildeten Kompanien mit Offizieren, der Kleine Obrist ritt auf einem Pferd, und eine Knabenkapelle aus Trommlern und Pfeifern besorgte die Marschmusik. In einer *feierlichen Prozession* zog man zum Schießhaus am Schießwasen hinaus, wo die Kinder tanzten und schmausten. Auch für die Erwachsenen kostete das Kinderzechvergnügung mehr, abends wurde zu Tanzbällen ins Gasthaus eingeladen.

nach 1806 Bürgerfest Kinderzeche Nach dem Beginn der königlich bayerischen Zeit 1806 wurde aus der Kinderzeche immer mehr ein Erwachsenfest. Am Schießwasen gab es einen Jahrmarkt, und Wein- und Bierhütten wurden aufgebaut. Immer mehr katholische Kinder zogen – ein Ärgernis für die Geistlichen – einfach im Kinderzech-Umzug mit. Die Evangelische Kinderzeche war ein Bürgerfest geworden, das man ab der Jahrhundertmitte historisierte. Man rückte das schwedische Schicksalsjahr 1632 in den Mittelpunkt. Der Kleine Obrist deklamierte einen entsprechenden Spruch hoch zu Pferd, Verse des evangelischen Pfarrers Conrad Unold-Zangmeister mit der Zeile *„man weiß ja wohl das schwere Jahr, da ließ es Gott geschehen."*

Und der evangelische Lehrer Elias Nottnagel reimte und vertonte die „Dinkelsbühler Nationalhymne": *Schallet heute, Jubellieder*. Das Knabenbataillon marschierte in Schwedenuniform und eine schwedisch uniformierte Knabenkapelle spielte dazu auf.

Stich von Oscar Schäffer, 1864 nach der Natur gezeichnet: Knaben in Schwedenuniform, Mädchen in Biedermeierkleidern und Kinderzechguggen für Süßigkeiten als Zechgeschenke (Repro 2012).

1848 Schwedenuniform Die Wahl des Rechtsrats im Dinkelsbühler Rathaus Hans von Raumer zum Reichstagsabgeordneten ins

Parlament der deutschen Nationalversammlung in Frankfurt am Main begünstigte die vaterländische Begeisterung. Magistrat und Lokalschulkommission gaben am 6. Juli 1848 bekannt, man wolle *die geschichtliche Grundlage dieser Erinnerungsfeier noch mehr hervortreten* lassen, weshalb *heuer zum ersten male der Hauptzug der Kinder – 19 an der Zahl – im militärischen Kostüme und Waffenschmuck jener Periode erscheinen, in welchen der Sage nach die Belagerung unserer Stadt und deren Aufhebung durch Fürsprache der Kinder fällt.* Das Knabenbataillon wurde mit schwedischen Uniformen ausstaffiert, dem sich im Zug jetzt eine Gruppe weiß gekleideter, efeubekränzter Mädchen anschloss.

1868 Knabenkapelle Die bisherige Musikbegleitung im Zug, Trommler und Pfeifer, wurde durch eine regelrechte Kapelle von 12- bis 14-jährigen Knaben ersetzt, die *Schwedenmusik,* die erstmals 1869 aufspielte. Aus ihr entwickelte sich die heutige *Dinkelsbühler Knabenkapelle.*

1897 Heutige Kinderzeche und ihre Luxurierung Schließlich ließ man, um den Tourismus zu fördern, das *Historische Festspiel* schreiben, das 1897 in der Schranne zur Erstaufführung kam. Hierzu wurde eigens eine Festspielouvertüre komponiert. Die überlieferten Ereignisse der Stadteinnahme durch den schwedischen Obristen von Sperreuth im Jahr 1632 wurden dramaturgisch abgeändert. Die ausgedachte Kinderlore mit ihren niedlichen Kleinen übernahm publikumswirksam den Hauptpart und zog als rettender Engel dem unerbittlichen Schwedenfeind am Wörnitztor entgegen.

> *Das Festspiel* Der Festspielautor Ludwig Stark meinte zu seinem Handlungsentwurf: *Mit dem „historischen" der Kinderzeche kommen wir nicht weit […] wir umrahmen die Fabel, welche gang und gäbe, mit geschichtlichem und lokalem Beiwerke, so dass sie wenigstens glaubwürdig und wahrscheinlich erscheint. Über das wirklich Wahre daran schweigen wir uns aus. Das Publikum glaubt schon daran und der Wissende kann sich ja sein Urteil bilden. […] Also nur ohne Skrupel!*

Eine ergänzende Neuerung von 1897 war ein *Historischer Umzug* mit Erwachsenen-Gruppen, gekleidet im Stil des Dreißigjährigen Kriegs. Währenddessen traten jetzt das Knabenbataillon und die Knabenkapelle in Rokokouniformen auf. Der attraktive Erwachsenenumzug überwucherte den historischen Schülerumzug. Immerhin war bei der Kinderzeche der Glaubensstreit überwunden, einträchtig zogen evangelische und katholische Schüler*innen und Bürger*innen durch die Gassen.

In der Folgezeit luxurierte die Kinderzeche mit gehobener Ausstaffierung und neuen Gruppen. Die Kinderzeche florierte als Touristenattraktion, als Heimatfest behielt sie für die Beteiligten und Einheimischen fraglos ihren Reiz.

Desaströser Niedergang
der Reichsstadt

Gespött des Reichs

1649-1803 Das Ende des Dreißigjährigen Kriegs brachte außenpolitisch vorübergehend Frieden, innenpolitisch andauernden Unfrieden. Die durch die konfessionell-paritätische Verfassung entstehenden kleinkarierten Konflikte des Dinkelsbühler Magistrats wurden zum Reichsgespött: Dinkelsbühl klagte wieder einmal gegen Dinkelsbühl. Bis zum staatsrechtlichen Ende der Reichsstadt 1803 setzte der Reichshofrat zehn Kommissionen ein, die sich Wochen, teilweise über Jahre in der Stadt aufhielten, um Streitsachen zu schlichten. Die Dinkelsbühler Händel hatten auf den Reichs- und Kreistagen einen festen Platz in der Tagungsordnung. Die Prozesse vor dem Reichskammergericht füllten Bände.

1696, 1697, 1721 Kommissionen, Kommissionen Als 1696 Gras für eine Prozession der Katholiken auf dem *„paritätischen Pflaster"* gestreut wurde, sind die evangelischen Bewohner „aus ihren Häusern mit Bessen und Rechen herausgeloffen und haben nicht allein selbiges via facti hinweggerechet und gekehret, sondern auch mit Schimpf- und Spottreden der ganzen Procession nachgeschryen". So befasste sich im darauffolgenden Jahr eine Kommission mit der Störung von Fronleichnamsprozessionen, der Nichtachtung der Feiertagsordnung, der Einrichtung einer evangelischen Apotheke und mit den an die St. Georgskirche angebauten Kramläden.

Eine andere Kommission kapitulierte 1721 sogleich vor der Vielzahl gegenseitiger Beschwerden. Allein die Evangelischen brachten 51 „Gravamina" vor.

Rechthaberisch dehnten die Evangelischen den Paritätsgedanken bis ins Lächerliche aus. Im kleinlichen Streit ging es sogar um Wirtshausnamen, es gab eine evangelische und eine katholische *Rose*. Unter anderem forderten sie auch einen evangelischen Arzt, einen eigenen Apotheker, eine Hebamme oder einen Brunnenschmecker und Stadtziegler, einen Scharfrichter und Schweinehirten.

Man hielt die *Mussfeiertage* der jeweils anderen Konfession nicht ein, man musizierte während des katholischen Gottesdiensts auf dem Marktplatz, und der evangelische Türmer arbeitete auf dem städtischen St. Georgsturm, während der Priester die Messe zelebrierte. Die Geistlichen hielten boshafte Schmähpredigten, die Almosen des Bettelhaufens wurden in evangelische und katholische aufgeteilt, und so fort.

Im Stadtstaat regierte Hass oder Gunst. Im täglichen Leben beharrten die Bürger starrsinnig auf ihrem Recht; Handwerk und Handel litten, weil Arbeit nicht nach Qualität und Preis, sondern nach Religionszugehörigkeit vergeben wurde.

Die Stadtregierung wurde wegen des aufgeblähten Verwaltungsapparats mit verfeindeten, argwöhnischen Angestellten immer handlungsunfähiger. Die Paritätsverfassung schrieb in der Regel bei öffentlichen Ämtern die gleiche Stellenzahl für beide Konfessionen vor. Dies führte bei der Ämtervergabe zur Vetternwirtschaft, die Eignung war Nebensache. Die Doppelbesetzung erfolgte alle zwei Jahre neu, war für eine Amtsstelle nur eine Person vorgesehen, so musste der Nachfolger einer anderen Konfession angehören. Ebenso wurde bei Verpachtungen und Vergabe von Aufträgen auf abwechselnde Konfessionszugehörigkeit geachtet.

Schmarotzerklüngel

1722-1734 Im September 1722 kam eine Kommission in die Stadt, die den *zerrütteten Zustand und das im Grunde verdorbene Stadtregiment* bessern sollte, wie der Kaiser es nannte.

Spital, Selbstbedienungsladen der Obrigkeit Die Unehrlichkeit der Räte und städtischen Bediensteten war alltäglich. Der bäuerliche Großbetrieb des Spitals war zum Selbstbedienungsladen geworden: Man holte sich Milch, Rahm, Butter und Schmalz, die als Spitalpfleger eingesetzten Ratsherren und -schreiber noch Spanferkel, Mehl, Kraut und Rüben dazu, man besorgte sich Futter für die eigenen Tiere und beanspruchte Knechte samt Fuhrwerken und Mägde für Privatgeschäfte.

Der Rat widersetzte sich der Kommission und befolgte *die Verordnungen nicht in dem Mindesten,* er versuchte mit falschen Angaben, die Kommissionäre zu hintergehen. An der ersichtlichen Misere schob einer die Schuld dem anderen zu. Der Stadtstaat wurde von einem Schmarotzerklüngel regiert, die Steuern zu zahlen, wurde von den Oberen Herren gerne vergessen.

Immerhin erreichte die Kommission, dass bei den Ratsherren Ausgaben eingespart wurden, die vier Bürgermeister wurden auf zwei vermindert, die Anzahl der Mitglieder im Großen Rat von 50 auf 30 herabgesetzt.

Von einer weiteren Kommission wurde 1731 das gesamte Verwaltungsrecht neu geordnet. Schwarz auf Weiß gedruckt lagen nun Bau-, Polizei- und Forstordnung, Kanzlei-, Konkurs-, Zoll- und Umgeldordnung, Schrannenordnung, Besoldungstabellen und anderes vor. Diese Kommission blieb bis 1734 in der Stadt und kostete das Gemeinwesen die nicht unerhebliche Summe von 68 331 Gulden 21 Kreuzern.

Trotzdem wollte kein Nutznießer von seiner Selbstsucht abgehen, die Vetternwirtschaft beenden, die Verschwendung durch unnötige Mahlzeiten, Zechereien und Hochzeits- oder Taufgeschenke einstellen.

Festivität bei Verkündung der Verwaltungsordnungen *Das neue Verwaltungsrecht wurden 1738 feierlich verkündet und gefeiert, als hätte der Stadtstaat keine Schulden. Der Innere Rat wurde im Goldenen Kreuz für je 3 Gulden bewirtet, sämtlichen Musikanten spielten ihnen auf, der Große Rat verzehrte in einem anderen Wirtshaus für 1 Gulden 30 Kreuzer pro Person, eben so viel erhielten die Stadtbeamten in einer dritten Wirtschaft. Bei den Getränken waren 2 Maß Wein frei, das übrige musste selbst gezahlt werden. Auch an die Bürgerschaft wurde gedacht, sie bekam pro Kopf 15 Kreuzer, um „sich in welchem Wirtshaus sie wollen, dafür lustig zu machen". Den vier Herren Geistlichen schickte man je vier Maß Wein vom Besten.*

1749 Skandalöse Zustände Eine weitere kaiserliche Kommission musste 1749 eingesetzt werden, denn die Stadt *war Ihrem gänzlichen Untergang nahe.* Es herrschten skandalöse Zustände. Bürgermeister Schad, Bauernvogt Link und Forstmeister Mayer wurden wegen Veruntreuung verhaftet, ihre Wohnungen versiegelt, die städtischen Rechnungsunterlagen der vergangenen zehn Jahre beschlagnahmt, die Räte verhört. Ein Gutachten bewertete die Hospitalwaldungen als *fast gänzlich auf den Grund ruiniert.*

Die Kommission wollte die Übeltäter *anderen zum Beispiel und Abschrecken zur wohlverdienten Strafe* ziehen. Bürgermeister Volpert Schad verstarb im Hausarrest, den er in seinem *Gartenhaus* in der Nördlinger Straße 13 verbrachte. In dessen Wohnraum hatte er eine der schönsten Rokokodecken Dinkelsbühls einbauen lassen. Forstmeister Mayer konnte in die Schweiz fliehen, Bauernvogt Link verbüßte ein Jahr Haft in der Festung Ulm. Er kehrte zurück, sein Vermögen war beschlagnahmt worden.

Finanzdebakel

1618-1650 Das Finanzdebakel des Stadtstaats ging auf die immensen Unkosten des Dreißigjährigen Kriegs zurück. Vor Beginn wies die Stadtkammer einen ausgeglichenen Haushalt auf, bis zum prunkvollen Friedensmahl anlässlich der Westfälischen Friedensexekution in Nürnberg 1650, hatte man nahezu zwei Millionen Gulden aufbringen müssen.

1665-1763 Auch die nachfolgenden Türkenkriege, der Französische und der Spanische Erbfolgekrieg bis hin zu den Schlesischen Kriegen erhöhten durch die zu zahlenden Reichsabgaben den Schuldenberg, wozu die Ausgaben für durchmarschierende Truppen kamen.

um 1750-1792 Durch Misswirtschaft, Verschwendung und Bereicherung war die Schuldenlast bis 1749 schließlich auf fast eine halbe Million Gulden angewachsen. Um sie zu mindern bzw. Kredit zum Bedienen der Schuldzinsen zu erhalten, musste die Reichsstadt Wälder und Landgüter verpfänden oder verkaufen. In der zweiten Hälfte des 18. Jahrhunderts entwickelte sich – nicht zuletzt durch die Verwaltungs-Neuordnung der kaiserlichen Kommission – die Wirtschaft positiv. Bis zum Koalitionskrieg 1792 gegen das Revolutionsfrankreich konnte die Stadt eine wesentlich günstigere Finanzlage erzielen.

Wenige nennenswerte Bauten

Die völlig überschuldete Reichsstadt konnte nach dem Dreißigjährigen Krieg nur mehr die notwendigsten Baumaßnahmen durchführen, zunächst mussten die schweren Schäden an der Stadtbefestigung repariert werden.

Bei den Bürgerhäusern sind lediglich das Barockhaus am Ledermarkt 6 und das klassizistische spätere Neue Rathaus Segringer Straße 30 von 1790 beachtenswert.

1655-1660 Segringer Torturm Der Segringer Torturm hatte bei der schwedischen Belagerung 1648 durch den Beschuss besonders gelitten und stürzte einige Jahre danach ein. Er musste von Grund auf neu erbaut werden und erhielt eine welsche Haube mit Laternenaufsatz, was ihn von den älteren Tortürmen optisch unterscheidet.

Das Portal des Karmeliterklosters von ca. 1705, Kopie (Foto 2017).

1700-1703 Karmeliterkloster Aus dem 1291 neben der *Alten Kapelle* errichteten Klosterhaus für Beschuhte Karmeliter entwickelte sich die Klosterkirche St. Katharina – heute steht an ihrer Stelle die evangelische Hauptkirche St. Paul. Das daran anschließende, *ganz bußwürdig* gewordene *Klösterlein,* wurde ca. 1700-1713 zu einer Dreiflügelanlage mit Arkadenhof erweitert.

1709-1761/64 Deutschordensschloss Der Orden war exemt, er war steuerfrei und unterstand nicht den reichsstädtischen Verwaltungsordnungen. Am Deutschhof, der 1390 vom Rothenburger Tor an seinen jetzigen Platz umgesiedelt war, wurde 1709 das Herrenhaus abgebrochen und der heutige Nordflügel neu mit einem Portal erbaut, das im heutigen Hof liegt. Die Erweiterung zur bestehenden Vierflügelanlage, einer monumentalen, spätbarocken Bauform mit Mittelrisalit entstand 1761-1764. Ein Juwel ist die Hauskapelle im verspielten Rokokostil, die im Dachgeschoss als originales Gesamtwerk erhalten ist.

Deutschordensschloss (Foto 2016).

1774 Deckenfresko der Heiliggeistkirche Eine süddeutsche Rarität ist das Deckenfresko in einer evangelischen Kirche, gemalt von Johann Nepomuk Nieberlein im spätbarocken, frühklassizistischen Stil. Das Predigtfresko der Heiliggeistkirche *Erlösung* erzählt in vier bühnenartigen Szenen von der Errettung durch den Glauben: Mose und die eherne Schlange, das Abendmahl, Kruzifix und Weltmission sowie die Auferstehung Christi.

> *Streit Im Magistrat kam es wegen des Freskos zwischen der katholischen und evangelischen Ratsfraktion zum Streit. Der katholische Ratsteil beschwerte sich darüber, dass man ohne sein Vorwissen die Hospitalkirche umbauen und ausmalen wolle. Dazu hätten die Evangelischen „nicht das mindeste Recht". Der evangelische Ratsteil widersprach, die innere Ausgestaltung stehe ihm wohl zu. Andererseits versuchte auch er, das Deckenfresko zu verhindern, weil man „davon in evangelischen Kirchen ganz abgekommen*

sei", man wollte nur einige Stuckmuscheln zur Verzierung dulden. Doch die 12 Kirchenpfleger, die unabhängig von den evangelischen Ratsherren die Evangelische Landeskirche leiteten, beharrten auf ihrem Recht.

Spielball der Großmächte

Hilflosigkeit kennzeichnet das turbulente Ende der reichsstädtischen Souveränität. Der Kleinstaat Dinkelsbühl war politischer Spielball der Großmächte, das alte Reich verfiel, Napoleon stellte Europa neu auf. Als Franz II. im August 1806 die Kaiserkrone niederlegte und das Deutsche Reich endete, war das für Dinkelsbühl bereits ohne Bedeutung. Es war 1802 kurbayerisch, 1804 preußisch und nach einem französischem Zwischenspiel 1806 königlich bayerisch geworden, es war seines Hinterlandes längst beraubt und kein wirtschaftliches Zentrum mehr.

1755 Seit jeher musste die Reichsstadt die Gerichtshoheit, die die Grundlage ihrer Landesherrschaft ausmachte, gegenüber den Grafen von Oettingen verteidigen. Wegen der zunehmenden Rechtsbrüche ließ Dinkelsbühl das dickleibige Werk ihres Ratsjuristen Andreas Gotthelf Busch drucken, das die rechtmäßigen Ansprüche der Reichsstadt dokumentierte. Die *Verteidigte Territorial- und Jurisdiktionsegerechtsame* wandte sich gegen die oettingische *anmaßende bald landgerichtliche, bald landvogteiliche, bald landesherrliche Obrigkeit* und stellte aktenmäßig die *unerhörten Eingriffe und Tätlichkeiten* dar. Das änderte trotz kaiserlicher Bestätigungen nichts, was die Schwäche des Kaisers als Stadtherrn und Reichsoberhaupt offenbarte. Hinzu gesellten sich die Übergriffe des Markgrafen von Ansbach. Beide Herrschaften errichteten in der großen Teuerung und Hungersnot 1770/71 widerrechtlich eine Fruchtsperre um Dinkelsbühl. Ansbach wiederholte das 1789.

1792 Die ansbach-preußischen Begehrlichkeiten brachten das politisch machtlose Dinkelsbühl in eine dramatische Lage. Nach der Abdankung des Markgrafen war das Fürstentum Ansbach-Bayreuth an den König von Preußen gekommen. Ohne Rücksicht auf das Reichsrecht setzte man den vermeintlichen territorialen Anspruch gewaltsam durch. Mit 20 Husaren und 100

Fußsoldaten besetzte man März 1792 gewaltsam die Wörnitz-vorstadt und stellte vor dem heutigen Wörnitztor eine preußische Grenzsäule auf. Ähnliche Zeichen hatte man zuvor schon an anderen Dinkelsbühler Landesstellen gesetzt. Der Magistrat ließ sie alsbald entfernen und reagierte auf die Provokation laut Aktenkonzept mit einem Ergebenheitsschreiben an die preußische Majestät in der Hoffnung, *dass die bisherigen traurigen Irrungen auf gütlichem Weg* beseitigt werden könnten.

1796 Doch die Preußen besetzten vier Jahre danach das gesamte Stadtgebiet bis zu den heutigen Stadtmauern einschließlich der Wörnitzvorstadt. Von den angerückten acht Zimmerleuten wurden die Torgatter der Äußeren Tore eingehauen und die Torangeln herausgerissen. Den zu den Inneren Stadttoren zurückgedrängten Wachen wurde verboten, Weg- und Warenzoll zu erheben. Das brachte die Bewohner der Wörnitzvorstadt in Gewissenskonflikt. Sie wurden ins Wirtshaus Zum wilden Mann befohlen und mussten trotz ihres Eids auf die Reichsstadt den preußischen Untertaneneid schwören. Wer sich weigerte, wurde ins Gefängnis der ansbach-preußischen Stadt Feuchtwangen abgeführt.

Dinkelsbühler Zollzettel von 1761 mit dem Stempel K VI: Wegzoll zu 6 Kreuzern am Wörnitztor (Stadtarchiv, 2010).

Husarenspruch Für Empörung bei den strenggläubigen Bürgern sorgte ein Spruch, den ein preußischer Husar an das Äußere Rothenburger Tor (am Bleichweg, abgegangen) schrieb: „Wer nicht will gut preußisch sein / Der muss es sein; / Und sollt' er gleich des Teufels sein, / So muss er doch gut preußisch sein."

Die preußische Herrschaftstafel im Haus der Geschichte Dinkelsbühl hat die Aufschrift *Koeniglich Preußische Landes Graenze Territoire Prussien. Sie* zeigt einen wenig kunstvoll gemalten Adler und unter der Krone die Initialen R F W für Rex Friedrich Wilhelm (Foto 2008).

Territorialverlust Folgenschwer für den Stadtstaat Dinkelsbühl war der mit der preußischen Annektierung einhergehende Verlust von etwa Zweidrittel seines Streubesitzes: 3 564 reichsstädtische Landuntertanen in brandenburg-preußischem Gebiet waren nicht mehr dinkelsbühlisch, der Realwert der Güter betrug 1 792 584 Gulden. Der Stadtstaat zerbrach. Ein kaiserlicher Beschluss, der die *Landeshoheitsanmaßungen und gewaltsamen Eingriffe* Preußens nach der Beschwerde der Reichsstadt *verboten und für nichtig erklärt* hatte, kümmerte den verantwortlichen Minister Freiherrn von Hardenberg ebenso wenig wie die an ihn gerichteten Dinkelsbühler Protestnoten. Er wollte einen Flächenstaat schaffen, was der Frieden von Basel, in dem sich Preußen und Frankreich einig geworden waren, leicht machte.

ab 1795 **Die Dinkelsbühler Lokalzeitungen** *Der Herrschaftswechsel der Reichsstadt zur kurbayerischen Stadt und zum Königreich Preußen brachten einen Titelwechsel des Dinkelsbühler Lokalblatts mit sich.*

Titelkopf der Dinkelsbühler Lokalzeitung:
1800 reichsstädtisch, 1803 kurbayerisch,
1804 königlich preußisch.

Der in Dinkelsbühl gebürtige Handelsmann Franz Anton Passaquay eröffnete nach seinem Geschäftsbankrott ein Fremdsprachinstitut, ein Handelsinstitut für künftige Kaufleute, und gab seit 1795 wöchentlich einmal das „Dinkelsbühlische Intelligenz-Blatt" heraus. Damals war es reichsstädtisch und überstand danach die kurbayerische und preußische Herrschaftszeit. Nachdem er 1806 fortgezogen war, erschien in der königlich bayerischen Zeit das „Intelligenzblatt der Stadt Dinkelsbühl" erst wieder 1815. Es kam das „Amts- und Anzeigenblatt", dann 1895 der „Wörnitz-Bote", der ab 1914 schließlich täglich druckte. Seit 1956 erscheint für die Stadt ein Lokalteil in der „Fränkischen Landeszeitung".

1794, 1804, 1911 Drei Dinkelsbühler Hausnummerierungen *Zur Zeit des Koalitionskriegs mit dem französischen Revolutionsheer wurden 1794 in der Reichsstadt Franzosen einquartiert. Aus Organisationsgründen erfolgte eine erste Dinkelsbühler Nummerierung mit aufgemalten Hausnummern. Eine zweite Nummerierung nahmen die Preußen nach ihrer Besitzergreifung 1804 als „Polizeinummern" vor. Sie nummerierten durchlaufend 703 Altstadtgebäuden und teilten die Stadt in 12 Distrikte ein. Erst 1911 vergab die Stadtverwaltung offizielle Gassen- und Straßenbezeichnungen und nummerierte die Häuser in biedermeierlicher Manier als aufgemaltes weißes, schwarz umrandetes Oval.*

Preußische Hausnummer 401, unten die Kokarde, und die Nummerierung von 1911 am Portal Klostergasse 8 (Foto 1987).

1797 Goethes Durchreise *Trotz unruhiger Zeiten unternahm Johann Wolfgang von Goethe seine dritte Schweizreise und kam auf dem Rückweg von Ellwangen mit der Lohnkutsche in die Stadt. Sein Besuch wurde im Dinkelsbühlischen Intelligenz-Blatt registriert: „Sind in Dinkelsbühl angekommen: Herr Geheimrat und Minister Göthe und Herr Hofrat Meyer von Weimar. Logieren in den drei Mohren." Tatsächlich hat der Dichter im damaligen Wirtshaus Zu den drei Mohren und Posthalterei der Thurn- und Taxis'schen Post, lediglich das Mittagsmahl eingenommen. So lautet auch die am Haus angebrachte Inschrift. In sein Notizbuch trug Goethe* *unter „Sonnabend, den 4. November" ein: „Dinkelsbühl. Fruchtbare Lage. Die Stadt hat zwei Wälle, ist alt aber reinlich, man sieht wenig Garten."*

1802 Ende der Reichsstadtzeit - kurbayerisch Franken war Kriegsschauplatz mit schlimmen Belastungen für Dinkelsbühl gewesen, das Kurfürstentum Bayern musste die Rheinpfalz abtreten und erhielt als Entschädigung die Reichsstadt. Im September rückte ein 196 Mann starkes Regiment ein, und am 1. Dezember vollzog Hof- und Regierungsrat von Huber zu Liebenau *die feierliche Zivilbesitznahme* von Kurfürst Maximilian Joseph. Im Rathaus entließ er die versammelten Räte des Inneren und Äußeren Rats wie auch die städtischen Amtspersonen aus ihren Pflichten gegenüber Kaiser und Reich. Die Reichsstadt Dinkelsbühl existierte nach 538 Jahren nicht mehr. Die Bevölkerung nahm es gleichgültig auf, wie der Zeitzeuge Johann Matthäus Metzger treffend bemerkte: *Kurz, es lachte niemand, es weinte niemand.*

Der Stadtmagistrat unterstand der Regierung in Dillingen und dem Generalkommissariat in Ulm. Die Stadt musste monatlich 302 Gulden 7 Kreuzer an *Unterhaltungskosten des Kurfürstlichen Militärs in Schwaben* abliefern. Das beschlagnahmte Geld in der *versiegelt gewordenen Kasse* sollte unverzüglich nach Ulm gesandt werden.

1804 königlich preußisch Zum Jahresende 1803 vertraute der Zeitgenosse Metzger seinen Aufzeichnungen die Befürchtung an: *Besser wird's nimmer, schlimmer wird's immer.* Tatsächlich wurde das eben noch kurfürstliche Städtchen Dinkelsbühl im neuen Jahr infolge der bayerisch-preußischen Grenzregulierung königlich preußisch. Bayern ließ am 24. Januar 1804 in der Stadt den Tauschvertrag anschlagen, einige Tage danach ritten 30 preußische Husaren ein. Der Präsident der königlichen Kriegs- und Domänenkammer der fränkischen Provinzen, von Schuckmann, nahm die feierliche Besitzergreifung vor, *eine Wache von 3 Husaren präsentierte während dieses Aktes bei dem Anheften der preußischen Adler das Gewehr.* Die Bevölkerung hatte die preußische gewalttätige Bedrohung und Annektierung des Dinkelsbühler Territoriums in guter Erinnerung und bedachte die angebrachten Preußenadler mit scheelen Blicken.

Lobpreisung im Dinkelsbühlischen Intelligenz-Blatt Anders konnte man es im Lokalblatt am 2. Februar 1804 lesen – vermutlich aus geschäftlicher Rücksicht. Unter dem Titel „Empfindungen der Ehrfurcht und Freude bey der Vereinigung Dinkelsbühls mit den Königl. Preußischen Provinzen" stand das Lobgedicht: „Glück auf! Uns zeigt der Zukunft hoher Segen / Des Vaterlandes schönstes Glück; / Uns lächelt Gnadevoll der Blick; / Des besten Königes entgegen!" Mit „Vaterland" war der einstige Stadtstaat Dinkelsbühl gemeint.

Die Bürgergemeinschaft stand nun unter Polizeiaufsicht, also in preußischer Staatsverwaltung. Eigentlicher Stadtregent war der zum *Polizeikommissär* ernannte Ökonomierat Fischer, der seine Anweisungen aus Ansbach erhielt, der verkleinerte Magistrat hatte praktisch keine Befugnisse.

Das strenge Regiment machte sich mit zahlreichen Verordnungen unter Androhung von Geldbußen bald unbeliebt. Fischer verbot *das schnelle Reiten und Fahren in der Stadt* oder das *Ausschütten der Nacht Töpfe und sonstiger Gefäße sowohl bey Tag als Nachts.*

Rauchverbot Am 19. April 1804 wurde im „Intelligenz-Blatt" bekannt gemacht: „Das in der hiesigen Königl. Stadt so gewöhnliche, unanständige und gefährliche Tobakrauchen auf den öffentlichen Straßen und Plätzen, wird von nun an hiemit bei Strafe von 30 Kreuzern […] verboten." Die Hälfte des Bußgeldes floss in die Tasche der aufmerksamen „Polizeidiener".

Protestfrevel an preußischen Alleen Stadtdirektor Fischer war ein Naturfreund. Er legte eine städtische „Obstbaum Plantage" aus gesäten Birn- und Apfelkernen an, die er sich von „den redlichen, das Gute gerne befördernden Einwohnern" über das Intelligenz-Blatt erbat. In preußischer Strenge wies er die Gartenbesitzer an, ihre Hecken und Bäume von Raupengespinsten und Insekteneiern zu befreien. Nachlässigen Besitzern drohte bei der Gartenvisitation eine „unnachsichtige Strafe von 5 Gulden".

Als Großtat ließ er „mit Zuhilfenahme seines eigenen Geldes die 4 Hauptstraßen um Dinkelsbühl" mit über 1 200 „untermischten Frucht-, wilden Kastanien-, Vogelbeer- und Pappelbäumen" besetzen. Auch die Linden und Platanenalleen der Promenaden gehen letztlich auf ihn zurück. Zwischen dem Segringer und Nördlinger Tor ebnete er die Alte Promenade ein und pflanzte 340 Bäume zu „anmutigen Spaziergängen". Aufrührerische Burschen ergriffen die Gelegenheit, es ihm heimzuzahlen. Die „Wut der Zerstörung", wie Fischer verlautbaren ließ, vernichtete die Anpflanzung. Die im nachfolgenden Jahr neu eingesetzten Bäumchen erlitten dasselbe. „Bei einem solch verdorbenen Charakter" der Einwohner, wollte der Stadtdirektor kein weiteres Mal „schadenfrohe Freude gebären".

1835, 1847 In königlich bayerische Zeit erließ dann der Magistrat 1835 selbst eine Instruktion „über die zweckmäßigste Art der Anpflanzung von Alleen" an den Straßen, und 1847 folgte eine Instruktion für deren Aufseher und ganzjährigen Pfleger. Wer „mutwillig und boshaft" Äste abbrach oder gar Bäumchen entwendete, sollte die „strengste gesetzliche Bestrafung" erfahren.

1806 französische Übergangszeit Während das Kurfürstentum Bayern durch seine Koalition mit Frankreich zum Königreich aufsteigen konnte, musste Preußen sein Fürstentum Ansbach an Bayern abgeben. Um die Übergabe zu gewährleisten, rückten Franzosen unter Marschall Bernadotte ein. Im 700 Häuser zählenden Dinkelsbühl wurden am 1. März 1806 zunächst 1 000 Soldaten einquartiert. In einer Stadt, in der *wenigstens zweidrittel unvermögliche Einwohner sind, das ist allzu viel,* klagte der Zeitzeuge Johann Matthäus Metzger. Die Besatzer blieben ein Vierteljahr.

1806 königlich bayerische Munizipalstadt Die Burschen fingen an, bayerische Kokarden in hellblau und weiß zu tragen, die Schilder mit den ungeliebten Preußenadlern wurden entfernt. Am 1. Juni 1806 wurde in den Kirchen das Besitznahmepatent des Königreichs Bayern verlesen, am 6. Juni nahm Kreisdirektor Nemerow stellvertretend für den neuen Landesherrn die Huldigung entgegen. Die schwäbische Reichsstadt Dinkelsbühl hatte zum letzten Mal ihre Staatszugehörigkeit gewechselt, es war im jungen Drei-Stämme-Staat Bayern Franken zugehörig.

Heil unserm König, Heil!

Neuordnung

1818-1997 Kreisfreie Stadt, Große Kreisstadt Das mit Napoleon geschlossene Bündnis hatte Bayern mit einem reichen Territorialgewinn und 1806 mit der Erhöhung zum Königreich belohnt. Die neue Landeseinteilung orientierte sich nach französischem Vorbild an Flüssen, Dinkelsbühl lag im *Rezatkreis*. Nach kleineren Gebietsveränderungen erhielt dieser 1837 die heutige Bezeichnung *Mittelfranken*. Als ehemalige souveräne Reichsstadt wurde Dinkelsbühl durch das Gemeinde-Edikt von 1818 unmittelbar der Regierung in Ansbach unterstellt. In nationalsozialistischer Zeit endete diese Kreisfreiheit, die Stadt wurde 1940 zurückgestuft und dem Landkreis Dinkelsbühl eingegliedert. Als bei der Gemeindegebiets- und Kreisreform 1972 der Landkreis aufgelöst und dem neu gebildeten Landkreis Ansbach zugeschlagen wurde, blieb für die Stadt Dinkelsbühl wegen der zu kleinen Einwohnerzahl der vorherige Status bestehen. Erst 25 Jahre später, am 26. Juli 1997, wurde Dinkelsbühl zur *Großen Kreisstadt* erklärt. Den Antrag auf *Wiedererlangung der Kreisfreiheit* hatte 1. Bürgermeister Dr. Jürgen Walchshöfer als Aufstufung *im Sinne einer gerechten Wiedergutmachung* begründet. Seitdem hat Dinkelsbühl einen Oberbürgermeister und erweiterte Zuständigkeiten in der Stadtverwaltung.

1807-1868 Bürgermilitär Eine erste unliebsame Neuerung im königlich Vaterland war 1807 die Wehrpflicht. Nach dem Dienst in der bayerischen Armee, folgte der Dienst in der *Land-* oder *Bürgerwehr.* Das wurde als lästiger Eingriff in die Bürgerfreiheit empfunden, zumal man Uniform und Ausrüstung selbst bezahlen musste. Für das Gewehr war eine Kaution von 10 Gulden zu entrichten.

Bei der feierlichen Übergabe der Fahne 1821 bestand das Bürgermilitär aus einem Bataillon Infanterie, einer Kompagnie Artillerie und einer Abteilung Kavallerie unter dem Kommando eines Majors. Im Frieden exerzierte man regelmäßig und erfüllte repräsentative Aufgaben bei Kirchgang, Paraden und Wachdienst. 1868 wurde das Bürgermilitär aufgelöst, Bayern organisierte das Heer nach preußischem Vorbild um.

1808, 1818 Stadtverwaltung Der staatliche Zentralismus Bayerns kam die ehemaligen Reichsstädter hart an. Der ab 1806 regierende *Polizeikommissär* hatte die Amtszimmer aus dem Alten Rathaus ins Deutschordensschloss verlegt. Nach der Verfassungsänderung 1808 war er *Gemeindevorsteher* geworden. Er leitete den vierköpfigen *Munizipalrat,* der alle vier Wochen tagte, aber nur geringen Einfluss hatte.

Erst durch die moderne Verfassung des Königreichs und die Kommunalreform von 1818 erhielt die Stadt das Selbstverwaltungsrecht zurück. Die Bürger wählten 33 Wahlmänner, die ihrerseits 24 Gemeindebevollmächtigte wählten, die dann aus ihrer Mitte acht Magistratsräte erkoren. Erster bayerischer Bürgermeister war Ludwig Friedrich Stobäus, dem ein rechtskundiger Rat zur Seite stand. Die erste Ratssitzung fand im Wirtshaus zur Goldenen Rose statt, weil sich die Ratsstube in schlechtem Zustand befand und es dort sogar an Stühlen fehlte.

1810 königlich bayerische Plünderung Der Territorialbesitz des einstigen Stadtstaats Dinkelsbühl wurde restlos zerschlagen. Bereits zwei Monate nach der bayerischen Inbesitznahme waren im August 1806 der Deutsche Orden und die bereits säkularisierten Klöster der Karmeliten und Kapuziner bayerisches Staatseigentum geworden. Zum Jahresende wurden dann, um die städtischen Schulden zu tilgen, das Kommunal- und das Stiftungsvermögen beschlagnahmt und der Staatsverwaltung des Innenministeriums in Ansbach unterstellt. Sämtliche städtischen Gebäude wie die Schranne, die Kornscheunen oder die Stadtmühle und die Grundstücke, Weiher und Waldungen fielen in Staatshand. Später wurden sie der Stadt zum Rückkauf angeboten.

Eine bis heute spürbare wirtschaftliche Benachteiligung bewirkte der 1810 zwischen Bayern und Württemberg geschlossene *Territorial-Grenzvergleich*. Mit ihm verlor Dinkelsbühl, was ihm nach der preußischen gewaltsamen Wegnahme 1796 noch verblieben war, sein westliches Hinterland mit 608 Häusern, 947 Familien und 1746 Einwohnern. Die Handwerker und Handelsleute büßten etwa die Hälfte ihres Einkommens ein. Der Gebietsverlust isolierte die am Rand des bayerischen Grenzraums liegende Stadt. Landesübergreifend versucht Dinkelsbühl dies seit 2004 zusammen mit den württembergischen Städten Crailsheim und Ellwangen als *Magisches Dreieck* zu überwinden.

1819 Jean Pauls Durchreise *Jean Paul (Johann Paul Friedrich Richter) gilt als fantasievollster Franke, er war zu Lebzeiten neben Goethe und Schiller einer der beliebtesten Schriftsteller. Das Dinkelsbühlische Intelligenz-Blatt kündigte ihn als „Hr. Dr. Jean Paul Friedrich Richter, Legationsrat v. Bayreuth" an. Bei seiner Reise nach Stuttgart rastete er hier am Sonntag, dem 6. Juni, wie er notierte: „Mittag in Dinkelsbühl in der evangelische Rose", das war die jetzige Goldene Rose. Bei seiner Rückreise am 10. Juli, einem Samstag, merkte er an: „Kinderfest, 3 Tage am Juli, alle militärisch gekleidet, ein General." Damit war der Kleine Obrist gemeint. Er nahm sich vor, künftig später abzureisen, „um die Mittagshäuser zu Nachthäusern zu machen".*

1800-1843 Verlust und Schutz der Stadtbefestigung Die reichsstädtischen Verteidigungsanlagen waren überflüssig geworden,
seitdem Dinkelsbühl eine bayerische Munizipalstadt im Königreich geworden war. Die Befestigung verfiel zusehends, die
knappen Finanzmittel erlaubten den Erhalt der ruinösen Bau-
teile nicht, dagegen konnten sie helfen, den Schuldenberg ab-
zutragen. Die Zwinger wurden bereits vor 1800 verpachtet oder
verkauft und zu Privatgärten umgestaltet, die Zwingertürme als
Gartenhäuser verwendet.

Kalksteintafel am Faulturm in Albert Bumms Obstgarten: Pflanzung eines Obstbaums KLEINE MÜHE und Obsternte GROSSER
LOHN, 1820 (Foto 2014).

Der Stadtpark *Die Geschichte des Stadtparks geht zurück auf
das Jahr 1801, in dem Spitalmeister Bumm den Graben
vom „Parkwächterhäuschen" am Rothenburger Weiher bis
zum Parkpförtchen am Kapuzinerweg von der Kommune
kaufte und darin einen Obstgarten anlegte. 1811 erwarb er
den dortigen Zwinger dazu. Die Stadt kaufte 1883 sein*

Grundstück, verlängerte und erweiterte es um die „Neue Promenade" und eröffnete unter Bürgermeister Hofrat Ludwig Sternecker den Stadtpark. Angestellte Parkwächter überwachten die Anlage, die dem Publikum vom Morgen- bis zum Abendgebetläuten zugänglich war.

Die aufgestellte Statue des legendären Stadtgründers Dinkelbauer von 1868, entworfen von Max Widnmann, stammt vom abgebrochenen Münsterbrunnen. Unter anderem wurde eine Hindenburg-Eiche gepflanzt, die „Hitler-Eiche" und „Streicher-Linde" entfernte man nach Kriegsende. Für die Landesgartenschau 1988 schuf man den „Bürgerpark" mit acht Pavillons. Der Wall- und Grabenbereich bis zum spätmittelalterlichen Löschteich „Feuergraben" behielt als Grünanlage mit Obstwiesen den Charakter des einstigen Stadtparks.

Nutzbare Mauertürme und Wehrgangsabschnitte wurden von der Stadt an Handwerker vermietet. Mit der Versteigerung des Steinmaterials zum Abbruch begann man ab 1810, als erstes fielen die Außenfortifikationen, die weitläufigen Bastionen vor den heutigen Stadttoren, danach wurden die vom Einsturz bedrohten Wehrgänge verkauft. Wie der Zeitzeuge Johann Matthäus Metzger beklagte, wurden *die Umgebungen der Stadt zu einem Steinbruch gemacht*.

In letzter Minute wurde 1826 durch die denkmalpflegerische Gesetzgebung König Ludwigs I. eine weitere Zerstörung der *Zeugen nationaler Vergangenheit* verhindert. Seinem Ziel, den Nationalgeist und die Vaterlandsliebe zu stärken, verdankt auch Dinkelsbühl den Erhalt seiner spätmittelalterlichen Stadtanlage und seine Verbindung von Urbanität und Landschaft.

__1826 König Ludwig I. rettet die Stadtbefestigung__ „Seine Majestät der König haben allergnädigst zu befehlen geruht, dass von nun an bei allen Städten des Königreiches, welche mit Ringmauern, Türmen, Gräben und sonstigen Vorwerken versehen sind, die Schutzmittel fortbestehen sollen, und verbieten jede Abänderung ihrer Formen durch gewaltsame Beschädigungen, Abbrechen der Mauern oder Türme und Einfüllen der Gräben."

1843 Mahnbrief Allerdings hielt sich die Stadtverwaltung nicht immer daran. Überwacht wurde die Einhaltung von der Kreisregierung Mittelfranken in Ansbach. Als der Magistrat 1840 den Abbruch des Wehrgangs zwischen Segringer Tor und Grünem Turm nicht hatte genehmigen lassen, erhielt er 1843 eine Mahnung: „Da übrigens Dinkelsbühl keineswegs eine offene Stadt ist, indem der größte Teil der Ringmauern noch besteht und mit vielen schönen Türmen geziert ist, so wird dem Magistrat, unter persönlicher Verantwortlichkeit seines Vorstandes, die geordnete bauliche Erhaltung und Unterhaltung dieser Mauern und Türme hiemit zur strengsten Pflicht gemacht."

1843-1992/93 Protestantische Hauptkirche St. Paul Der Dinkelsbühler Friedensvertrag von 1649 erlaubte den Evangelischen, nachdem sie sich mit der viel zu kleinen Spitalkirche begnügen hatten müssen, auf eigene Kosten eine große Kirche zu bauen. Dies gelang wegen der ablehnenden Haltung der katholischen Ratsfraktion, fehlender Finanzmittel und eines geeigneten Platzes erst in königlich bayerischer Zeit. Die Gemeinde konnte das verlassene Areal des Karmeliterklosters für 16 000 Gulden erwerben und darin Schulen einrichten, drei Jahrzehnte später wurde dann die Klosterkirche St. Katharina für den Neubau abgerissen. Die Kirche wurde vom Kreisregierungs-Zivilbauinspektor Andreas Schulz in Ansbach, der als *vorzüglich gebildeter Architekt und Kunstkenner* bekannt war, im Stil der Schinkelschen Saalkirchen entworfen und ab 1840 erbaut. Die *Protestantische Hauptkirche* wurde als *würdevoller Tempel* charakterisiert, da ihm die sparsam verwendeten Formelemente eine protestantische Haltung verleihen. Auch die zeitgenössischen Dinkelsbühler beurteilten das Gesamtwerk positiv: *Wie der Baustil der Kirche der byzantinische ist, so ist auch das Innere in diesem Geschmack ausgeschmückt worden.* König Ludwig I. hatte sie dagegen nach der Fertigstellung 1843 für *ganz verunglückt* geschmäht, heute gilt sie als herausragendes Architekturbeispiel seiner Zeit.

Die Hauptkirche wurde 1924 St. Paulskirche benannt, 1955/56 modernisiert, was aber die Gemeinde nicht zufriedenstellte, das Innere dann 1992/93 an die ursprüngliche Bauform angepasst ausgestaltet.

1855 Neues Rathaus Der seit 1818 bestehende Stadtmagistrat leitete keinen Stadtstaat mehr, sondern ein bescheidenes bayerisches Landstädtchen. Das für die Stadtverwaltung zu große Alte Rathaus war heruntergekommen und entsprach nicht dem Zeitgeschmack, so dass die Stadt ein geeignetes Haus in der Segringer Straße 30 für 9 950 Gulden erwarb. Das Kaufmannshaus, ein abgewalmtes, klassizistisches Bürgerpalais mit Stuckdecken von 1790, galt als eines der schönsten Häuser und ist seit 1855 Neues Rathaus.

1856-1869 Regotisierung von St. Georg Bei seinem Besuch der Kirche St. Georg 1845 stellte König Ludwig I. fest, *dass das Innere derselben, unschwer wieder in demselben älteren Style hergestellt werden könne, in welchem diese schöne Kirche erbaut worden ist*. Den Auftrag erhielt Kreisregierungs-Zivilbauinspektor Andreas Schulz in Ansbach, die Bauleitung hatte ab 1854 der in Dinkelsbühl geborene Lehrersohn Andreas Bürklein, der unter anderem das Fürther Rathaus erbaute.

Mit der Purifizierung und Herstellung des gotischen Eindrucks wurde 1856 ohne Einbeziehung der katholischen Gemeinde begonnen. *Unter vielen Seufzern und Tränen*, wie der zeitgenössische Benefiziat Pankratius Dumpert in sein Tagebuch schrieb, der *die sogenannte Kirchenrestauration* kritisierte. Wertvolle Barockaltäre und -bilder wurden durch neugotische ersetzt, die Anbauten zwischen den Außenpfeilern der Kirche, nämlich Brothaus, Freibank, Kaufläden, Kirchenhüterstübchen und Holzlegen wurden entfernt.

Doch durch die Regotisierung erhielt die Hallenkirche eine lichtdurchflutete, überwältigende Raumwirkung. Ein vollkommenes Architekturbeispiel. Zum 500-jährigen Jubiläum der Kirchweihe 1988 wurde die ehemalige Stadtkirche zum Münster erhoben.

1831-1861 Vereinsgründungen Die beschauliche Biedermeier-Idylle der Kleinstadt wurde durch die Märzrevolution unterbrochen. Die Affäre Ludwigs I. mit seiner Geliebten Lola Montez und ausbleibende Reformen hatten auch Dinkelsbühler Bürgerkreise erregt. Es wurden ein *konstitutioneller Volksverein* verlangt, und ein *deutscher Männerverein* gegründet. Kriegsgerüchte gingen um, worauf der Landwehrmajor zum freiwilligen Beitritt in seine Truppe aufforderte. Flugschriften mit Aufrufen und Warnungen, Volksversammlungen und politische Festveranstaltungen erhitzten die Gemüter. Nach der Eröffnung des ersten deutschen Parlaments in der Paulskirche in Frankfurt am Main 1848, der Nationalversammlung, die eine Verfassung eines deutschen Bundesstaats entwerfen sollte, band man im Juli feierlich eine Schleife mit den Farben schwarz-rot-gold an die Fahne des Bürgermilitärs.

Der Freundeskreis des Dinkelsbühler Rechtsrats Hans von Raumer nahm politischen Einfluss. Der gewählte Reichstagabgeordnete schickte ihnen Flugblätter aus Frankfurt zu. Bei den Kleinbürgern blieben die Ideen von Grundfreiheiten oder einer aktiven politischen Mitgestaltung allerdings ohne tiefere Wirkung. Die Kleinstadtrevolution erschöpfte sich im Vereinsleben, in Festen der Schützen, Turner, Sänger, und deren Fahnenweihen oder im Begehen nationaler Gedenktage.

1831 war ein gesellschaftlich und patriotisch ausgerichteter Männerchor gegründet worden, 1859 erfolgte der Aufruf, einen lokalen *Frauenverein* des Vereins bayerischer Frauen und Jungfrauen zu gründen. 1860 entstand der *Turner Verein,* der sich zum *TSV 1860* entwickelte. Verantwortungsbewusste Männer gründeten 1861 die Freiwillige Feuerwehr als Selbsthilfeorganisation und begehrten damit gegen die städtische Obrigkeit auf.

1848 Fahnenfeier für den Reichsverweser Am 14. Juli 1848 wurde der Reichsverweser geehrt, Erzherzog Johann von Österreich, der auf seiner Hin- und Rückfahrt zum Frankfurter Parlament über die Stadt reiste. Das Festprogramm sah vor: Um 3 Uhr beginnt unter Kanonendonner ein Zug durch die Hauptstraßen, bei dem „die Pioniere der Landwehr vorausmarschieren und nach ihnen die Freiwilligen. Diesen reiht sich der Gesangverein an. Darauf die Landwehrmusik und eine Abteilung des Bataillons, die gesamte Schuljugend, ein Mädchen, welches die an die Bataillonsfahne zu knüpfende Schleife auf einem Kissen trägt, sieben Jungfrauen, von denen die, welche diese Schleife befestigt, von zwei anderen geführt wird, die Bataillonsfahne mit einer Abteilung Landwehr, die königlichen und städtischen Bediensteten , die Gemeindevorsteher des Landgerichtsbezirks, die übrigen Teilnehmer aus dem Zivil und zum Schlusse wieder eine Abteilung Landwehr. Während dem Zug reitet die Landwehrkavallerie auf beiden Seiten." Auf dem Weinmarkt hält der Zug. Es folgen ein Toast auf den Reichsverweser, danach „die Anknüpfung der deutschen Farben an die Fahne". Weitere Toaste werden auf Bayern und Deutschland, den bayerischen König und die Nationalversammlung ausgebracht, unterbrochen von einem gemeinschaftlichen Gesang und der Volkshymne.

Steckbriefe großer Bürger und Stadtsöhne

Hans von Raumer Deutscher Parlamentarier und Demokrat, einer der „Großväter" des Grundgesetzes der Bundesrepublik Deutschland. Geboren 1820 in Giebichenstein bei Halle. Als Jurist im Landgericht Dinkelsbühl 1844 tätig, setzte er das Schulturnen durch. Auf dem Schießwasen wurde ein *öffentlicher Turnplatz unserer Jugend* eingerichtet, wo er zusammen mit dem Arzt Dr. Beichhold die Lateinschüler und obersten Volksschulklassen turnen ließ. 25 Jahre später wurde für die drei oberen Knabenklassen der Volksschule das Turnen zum Pflichtfach. Er war Mitbegründer eines *Lesevereins* und einer Bürgerbibliothek aus gestifteten Büchern. Als Vorstand des *Gesangvereins 1831* bekannte er sich bei der Fahnenweihe 1846 öffentlich zu einem vereinten deutschen Vaterland aus Königreichen und Kleinstaaten.

Das Gemälde „Zug der Turner" eines Laienkünstlers im Haus der Geschichte. Sie zeigt Hans von Raumer mit Schülern an der Spitze des
Festzugs zum Schießwasen mit der bayerischen Fahne Weiß-Blau und
der deutschen Fahne Schwarz-Rot-Gold, die Hans von Raumer mitbe-
schlossen hatte (Ausschnitt, Foto 2010).

Nach der Märzrevolution 1848 als Volksvertreter für den heutigen westlichen Landkreis Ansbach einschließlich Gunzenhau-
sen gewählt, zog er im Mai als jüngster Reichstagsabgeordneter
ins erste deutsche Parlament in der Frankfurter Paulskirche ein.
Im März des folgenden Jahres bat er seine Dinkelsbühler
Freunde, *in der nächsten Zukunft besser <u>Deutsch</u> als <u>bayrisch</u> zu
sein.*
Der Preußenkönig Friedrich Wilhelm IV. wies jedoch im April die
angebotene Kaiserkrone zurück, die Königreiche lehnten die
neue Verfassung ab. Ein schwerer Rückschlag für die deutsche
Einheitsbewegung. Enttäuscht legte der Patriot Hans von Raumer sein Mandat nieder. Seine Wahl zum Dinkelsbühler Bürgermeister, wurde durch konservative Kräfte vereitelt. Er starb 30-

jährig 1851 in Erlangen an Tuberkulose, wie drei Jahre zuvor Tochter und Frau.

Friedrich von Herrmann Einer der bedeutendsten Vertreter der klassischen deutschen Nationalökonomic, wurde am 1795 im Haus Altrathausplatz 13 als Sohn eines späteren Stadtgerichtsrats geboren.

Gymnasiallehrer, Universitätsprofessor in München. Sein wissenschaftliches Hauptwerk *Staatswirtschaftliche Untersuchungen* befasste sich mit Angebot und Nachfrage, dem Zusammenhang von Preis, Wert und Kapitalbildung. Der Hofrat in der Staatsverwaltung und Leiter des statistischen Büros gilt als Begründer der wissenschaftlichen Statistik. Nach der Märzrevolution 1848 als Volksvertreter für München ins erste deutsche Parlament in der Frankfurter Paulskirche gewählt und dort profilierter Debattenredner und zweiter Vizepräsident.

Von König Ludwig I. persönlich geadelt, Bayerischer Staatsrat, im In- und Ausland mit 17 Orden geehrt. Er verstarb 1868 in München.

Christoph von Schmid Als Sohn eines Deutschordensbeamten 1768 in Dinkelsbühl im Haus Klostergasse 19 geboren. Mit 15 Jahren beginnt seine Gymnasialzeit mit anschließendem Priesterstudium in Dillingen. Ab 1797 Veröffentlichungen von christlich-erzieherischen Schriften, die Biblische Geschichte und *Lehrreiche kleine Erzählungen für Kinder*, sein Schlüsselwerk und Lesegut Nr. 1 der deutschsprachigen katholischen Volksschulen, sowie längere Erzählungen für die Jugend. 1826 von König Ludwig I. als Domkapitular nach Augsburg berufen, 1832 Königlicher Kreisscholarch für Schwaben, 1837 persönlich durch König Ludwig I. mit dem Ritterkreuz des Zivilverdienstordens geadelt. Feier des 50-jährigen Priesterjubiläums 1841 in der St. Georgskirche, Pflanzung der Christoph-von-Schmid-Eiche am Schießwasen. Hierbei spendete er 500 Gulden für die jüngst gegründete evangelisch-katholische *Kinderbewahranstalt* und ließ 945 seiner Jugendbüchlein an Kinder verteilen. 1850 Verleihung des Michelsordens durch König Max II. Christoph von Schmidt starb 1854 in Augsburg an der Cholera, wo er begraben ist.

Auf dem Marktplatz wurde 1859 feierlich das Christoph-von-Schmid-Denkmal enthüllt, für das eine Spendenaktion rund 15 000 Gulden eingebracht hatte (Foto 2013).

Christoph von Schmid war ein unermüdlicher Seelsorger und Pädagoge, ein fabulierender Moralist. Mit mehr als einem halben hundert Jugendschriften war er ein in 24 Sprachen übersetzter Bestsellerautor. Für Dinkelsbühl sind seine zuletzt geschriebenen *Erinnerungen aus meinem Leben* von unvergänglichem lokalhistorischem Wert.

Ein Lied zieht in die Welt *Das weltbekannte Weihnachtslied „Ihr Kinderlein kommet" entstand in den 1790er-Jahren als Gedicht „Die Kinder bei der Krippe" des katholischen Kaplans Christoph Schmid. Mehrfach vertont. Populär wurde es mit der Melodie eines Frühlingslieds, 1794 komponiert vom späteren königlich dänischen Kapellmeisters J. A. Peter Schulz. In Gütersloh hatte sie der Lehrer Friedrich Eickhoff zum Singen in der Klasse ausgewählt und 1833 im Liederheft „60 Lieder für 30 Pfennige" drucken lassen. Danach verbreitete der evangelische Pastor Johann Heinrich Volkening das Weihnachtslied in seiner „Missionharfe". Fast zwei Millionen davon wurden an Deutsche in alle Erdteile verschickt.*

Wirtschaftlicher Stillstand

Das bayerische Dinkelsbühl versank nach dem Reichsstadtende in eine beschauliche Trägheit. Es gab 16 Bierbrauer und 16 Bierwirte, 4 Kaffeewirte, 29 Bäcker und 23 Metzger. 1810 gehörten 20 Prozent der Einwohner der *Armenklasse* an. Die Einwohnerzahl stagnierte bei 5 000 Personen bis zum Ende des II. Weltkriegs 1945, während in den verkehrsgünstiger gelegenen Städten die Bevölkerung bereits bis um 1850 stark zunahm. Sie profitierten von der Industrialisierungswelle und dem Zuzug von Landbewohnern. Davon verspürte Dinkelsbühl so gut wie nichts.

Christoph von Schmids Urteil Er stellte die geistige Enge des Kleinbürgertums schon zu Reichsstadtzeiten fest, wo sich sich zu viele Bürger „wie ein Mühlrad um die eigene Achse drehten". Ihren Vorrat an Ideen hielt er für „dürftiger als den Opferstock", und meinte, „ein eigener Gedanke ist da eine äußerst seltene Geburt." Sein Urteil lautete: „Schläfrige Reichsstädtler ohne Geist und Mut."

Um das gesamte wirtschaftliche Hinterland gebracht, hatte der einstige Stadtstaat Dinkelsbühl seine zentrale Marktlage verloren, und auch, als 1828 die Zollschranken zwischen den Königreichen Bayern und Württemberg fielen, erholte sich lediglich der frühere Nahhandel. Im Rat bestimmten vor allem Kaufleute und Handwerker der woll- und tuchverarbeitenden Gewerbe die Stadtentwicklung. In diesem Schwerpunkt befangen, blieb der Magistrat ohne Wagemut. Er sicherte mit seiner Politik die althergebrachten Rechte des Handwerks; Versuche, neue Wirtschaftszweige anzubahnen, scheiterten. Selbst die Einrichtung einer städtischen Sparkasse kam erst 1837 zustande, der *Kreditverein Dinkelsbühl* gründete sich 1869, im selben Jahr entstand eine Gewerbeschule, die spätere Realschule. Immerhin richtete der Gewerbeverein eine *Lokal-Industrie-Ausstellung* anlässlich des Bahnanschlusses nach Nördlingen 1876 aus. 118 Aussteller boten ein umfassendes Gesamtbild der Dinkelsbühler Betriebe.

Letztlich führte man das reichsstädtische Wirtschaftsleben geringfügig erweitert fort, die Vieh- und Jahrmärkte verdoppelten sich, zwei Wollmärkte kamen hinzu. Der wesentliche Wirtschaftszweig blieb vorerst das Wollgewerbe, in dem 1810 über 8 000 Dutzend Strümpfe gestrickt wurden und es 20 Tuch- und Arrasgarn-Kleinbetriebe gab. Ein zweiter, aufstrebender Wirtschaftszweig war die Pinsel- und Bürstenmacherei mit 13 Betrieben und 50 Beschäftigten. Im Gegenzug nahm das Wollgewerbe bis um 1900 stark ab.

Wollgewerbe In der zweiten Hälfte des 19. Jahrhunderts arbeiteten stets um die 1 000 Personen im Wollgewerbe. In diesem Wirtschaftszweig gab es einen Fernhandel bis in die Niederlande, Schweiz und Tirol. Es gab etwa 270 kleinhandwerkliche Betriebe mit bis zu 400 Meistern. Allein das Strumpfwirkergewerbe hatte nach 1860 in 212 Betrieben 289 Vollbeschäftigte.

Nachdem zwei Manufakturen mit Wasserantrieb eingegangen waren, eröffnete um 1860 eine mechanische Streich- und Arrasgarnspinnerei ihren Betrieb. Teilweise mit Dampfkraft betrieben, exportierten sie erfolgreich bis Polen und Ungarn. Damit konnte auch der Bedarf des einheimischen Wollgewerbes günstiger bedient werden als mit württembergischer Importware.

1876, 1881 Bahnlinie Misslich für die Wirtschaftsentwicklung war, dass zwar zunächst die uralte Verkehrsverbindung Crailsheim-Dinkelsbühl als Bahnlinie vermessen, dann aber über Dombühl gebaut wurde. Trotz hartnäckiger Bemühungen des Magistrats kam die Nord-Süd-Linie, die Nebenbahnlinie Nördlingen-Dinkelsbühl-Feuchtwangen-Dombühl mit Verbindung zu den Hauptlinien Stuttgart-Nürnberg und Donauwörth-München, zu spät. Der Abschnitt Nördlingen-Dinkelsbühl wurde 1876, der Abschnitt bis Dombühl 1881 fertiggestellt. Man konnte mit der schon 1866 eröffneten württembergischen, parallel verlaufenden Grenzbahnlinie Ellwangen-Crailsheim nicht konkurrieren.

Im Wollgewerbe waren die Versorgung der heimischen Dampf-
maschinen mit Kohle und der Transport von Rohstoffen und
Produkten schwierig geworden. Es mangelte an Arbeitsplätzen.
Zwischen 1880 und 1885 über 700 Menschen die Stadt. Die Dinkelsbühler Grenzregion hatte aufgrund der napoleonischen
Neuordnung des Landes den Anschluss an die Industriegesell-
schaft verpasst.

Die fehlende ökonomische Perspektive bewirkte um 1900 eine
industriefeindliche Einstellung und verhinderte die Ansiedlung
größerer Betriebe. Der aufkommende Tourismus trug dazu bei.
Erst die nach dem Zweiten Weltkrieg zuziehenden Flüchtlinge
und Vertriebenen brachten die entscheidenden Impulse für
eine mittelständische Unternehmensstruktur. Der Heimattag
der Siebenbürger Sachsen besteht in Dinkelsbühl seit 1949, der
Heimatverein Mies-Pilsen hat hier seinen Sitz.

Ein schrittweiser Anschluss an die allgemeine Wirtschaftsentwicklung erfolgte mit dem Ausbau des Straßennetzes und dem
Bau der West-Ost- und Nord-Süd-Autobahn in den 1970er- beziehungsweise 1980er-Jahren.

Die Zahl der erwerbstätigen Personen des Umlands nahm zu,
die Arbeiter*innen stiegen von Bahn und Bus auf das Automobil
um. Der Personen-Nahverkehr auf der 54 km langen Bahn-Ne-
benstrecke wurde 1985 eingestellt, das 1876 erbaute Bahn-
hofsgebäude abgerissen. Auch der Güterverkehr ließ stark
nach, über eine Reaktivierung des Bahnverkehrs wird strittig
diskutiert.

Ort der Maler

um 1850 Anstelle einer Bahnlinie besaß Dinkelsbühl Mitte des
19. Jahrhunderts einen ausgezeichneten Postkutschenverkehr,
die Fernrouten Stuttgart-Nürnberg und Augsburg-Frankfurt
kreuzten im Stadtzentrum. Der Biedermeiermaler Carl Spitzweg
war der früheste einer Reihe von Künstlern, die das bayerische
Landstädtchen Dinkelsbühl in seiner reichsstädtischen Origina-
lität inspirierte.

1858 Carl Spitzweg Der bedeutende Maler der Spätromantik,
Carl Spitzweg, übernachtete bei seiner Frankenreise im Juli

*1858 in Dinkelsbühl und schrieb seiner Schwägerin die
Nachricht, „Montag und Dienstag war ich in Dinkelsbühl,
auch schön in seiner Art, aber nichts gegen Rothenburg, "
der Himmel sei blau und das Wetter schön. In sein Skizzen-
buch zeichnete er etliche Ansichten. Teile der Stadtsilhou-
ette sind in seinen Atelier-Gemälden „Der Institutsspazier-
gang", mit Blick von der Wörter Straße zum Segringer Tor,
und „Lug ins Land", mit Blick von der Mönchsrother Straße
zum Nördlinger Tor, eingefügt: Hintersinnige, humorige
Biedermeieridyllen bei einem Mädchen-Schulspaziergang
und bei einer Tabak schnupfenden Schildwache, die den
Strickstrumpf auf der Sitzbank abgelegt hat.*

Stadtmühle mit zurückgesetztem Nördlinger Tor und St. Georgskirche
auf Spitzwegs *Lug ins Land* (Kunstkarte, Ausschnitt).

1888-2011 Zum Malerort wurde Dinkelsbühl durch drei Münchner Künstler, die im Frühjahr 1888 auf ihrer Radtour durch das
Städtchen kamen, das noch nicht über seine Stadtmauern hin-
ausgewachsen war. Eine Industrialisierung mit ihren beein-
trächtigenden Folgen auf das Stadtbild hatte es nicht gegeben.
Als Pleinair-Maler, die vor Ort ihre Bilder ausführten, entdeck-
ten sie ein verträumtes Städtchen, in dem die Zeit und das Leben der Einwohner „romantisch" stehen geblieben zu sein
schien.

Die mit der Frühlingssonne von München bis Berlin anreisenden Maler und „Malweiber" fingen mit ihre Staffeleien in den Gassen verträumte Häuser, Winkel und Türme ein. Beliebtestes Gasthaus des Malervolks wurde die *Künstlerklause* Weißes Ross, in dessen Gästebüchern sie sich in musischer Manier eintrugen. Bis in die 1940er Jahre strömten sie auf Motivsuche in die Kleinstadt.

Schild über dem Eingang des Malerheims und Gasthauses Weißes Ross, entworfen von Hermann Neuber, gemalt mit drei Kollegen 1889 (Foto 2019).

Der Malertourismus hatte eine Gemäldesammlung besonderer Art zur Folge, die *Städtische Galerie* aus Dinkelsbühl-Motiven, im naturalistischen Stil mit impressionistischen Anklängen, entstanden in den Jahren 1889 bis 1932.

Städtische Gemäldesammlung im Haus der Geschichte Der Kunstmaler Josef Kühn jr. hatte sich in Dinkelsbühl niedergelassen und 1912 als Konservator des Historischen Vereins begonnen, die Museumssammlung „Städtische Galerie" aufzubauen. Es standen keine Gelder für Ankäufe zur Verfügung, sodass der Vereinsvorsitzende, Bürgermeister Rudolf Götz, ausgewählte Künstler, die öfter in Dinkelsbühl gemalt hatten, um Stiftung eines Bildes bat. Es waren zunächst hauptsächlich Werke der „Münchner Schule", wobei Kühn auf Qualitätsmerkmale achtete, um zu vermeiden, „dass dilettantische Arbeiten, den künstlerischen Wert der Sammlung beeinträchtigen".

Bei den nach 1932 gesammelten Bildern ist das spätexpressionistische Gemälde von Karl Schmidt-Rotluff hervorzuheben, der mehrmals in Dinkelsbühl malte.

Unbekannter Künstler am Kirchhöflein in ausgeklügelter Perspektive fotografiert von einem unbekannten Kunstfotografen (Foto ca. 1910, Stadtarchiv).

Kleinstadtleben um 1900

Die industrielle Revolution war am Städtchen spurlos vorbeigegangen. Die Wiesen und Felder reichten bis an den spätmittelalterlichen Mauergürtel, und in den Gassen konnte man Ende Juni das frisch eingefahrene Heu riechen, gewürzt von den am Pflaster trocknenden, von Fliegen umschwärmten Kuhfladen und Rossbollen. Weit über hundert Pferde standen in den Ställen. Mistlegen für das Bauernvieh gab es zwischen den Häusern zuhauf. Immerhin hatte der Magistrat verboten, die Hühner, Enten und Gänse an Sonn- und Feiertagen frei laufen zu lassen.

Dohlen umflatterten kreischend die Mauertürme, in den Hausfluren, die zum Stall führten, klebten Schwalbennester, und in der Abenddämmerung jagten Fledermäuse im Zickzack über die Köpfe der Bürger, die vor den Türen ihren Schwatz abhielten. Beim Gebetläuten endete das Kinderspiel auf der Gasse, und der Parkwächter sperrte die Pforten des Stadtparks zu.

Arme Zeiten, die Menschen waren anspruchslos, der Verdienst reichte gerade so zum Leben. Für die rund 1250 Haushaltungen des Städtchens gab es 18 Metzger und 23 Bäcker, wobei nicht wenige sparsame Hausfrauen den Brotteig daheim machten und zum Backen brachten. Aber trotz all dieser Genügsamkeit bestanden sieben Brauereien und 27 Gast- und Schankwirtschaften.

Scherenschleifer, Hausierer und Weiber aus den umliegenden Dörfern brachten ihre Waren mit Karren, Sack und Korb herein und schrien ihr Angebot durch die Gassen. Hinzu kamen die gewöhnlichen Viehmärkte, Wochenmärkte und Jahrmärkte. Den Rest des täglichen Bedarfs deckten 31 „Spezereien", die aus der ersten Stube am Hausgang bestand. Im Sommer hatte das „Lädele" von 7.00 bis 20.00 Uhr geöffnet, und sonntags nach dem Kirchgang bis zum späten Nachmittag. Doch was brauchten die Leute schon, und die Kundschaft kaufte viel „auf Borg".

Inserat der Löwenbändigerinnen im Wörnitz-Boten 1895.

Für Kurzweil im Städtchen sorgten die Lustbarkeiten des fahrenden Volks mit Zirkusvorstellungen, Menagerien, magischen Vorstellungen, Wachsfiguren, Karussell, Feuerwerk, Seiltänzern oder Theatertruppen. Im ersten Kino, den Fortuna-Lichtspielen des Hoteliers der Goldenen Rose, wurden 1913 Filme gezeigt, der 1. Platz zu 50 Pfennigen, Personen unter 16 Jahren hatten in der Erwachsenenvorstellung keinen Zutritt.

Der TSV 1860 Dinkelsbühl richtete 1904 das Mittelfränkische Bezirksturnfest aus und ließ dazu eigens eine Postkarte drucken.

Unterhaltung fand man in über 60 Vereinen, Amüsement bei Vereinsfestivitäten und Faschingsbällen. Der jährliche Höhepunkt aber war die Kinderzeche mit Bier- und Weinzelten, Marktbuden und Vergnügungen am Schießwasen.
Dinkelsbühl ist „trostlos und heruntergekommen", hieß es in einem Leserbrief. Die moderne Zeit hielt nur langsam Einzug. Um die Jahrhundertwende wurden Straßenkanäle und Wasserleitungen verlegt, es wurde neu gepflastert und ein zeitgemäßer Schlachthof an der Mönchsrother Straße gebaut, das Licht wurde elektrisch. Das Telefon hielt Einzug, eine städtische Lei-

tung wurde 1895 vom Münsterturm und der dortigen Feuerwache zum Polizeilokal neben dem Alten Rathaus gelegt, 1903 erfolgte der Anschluss an das bayerische Telefonnetz. Die Fernsprechstelle befand sich im Neuen Rathaus, 1911 waren 11 Teilnehmer gemeldet.

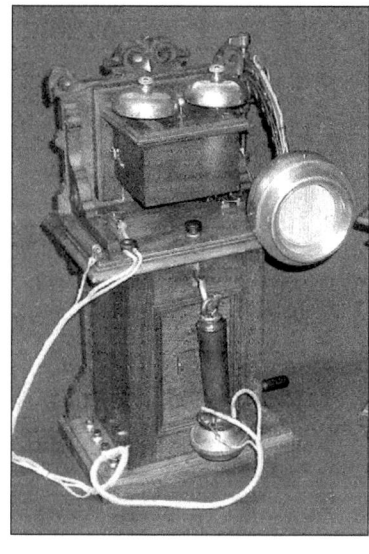

Das älteste Tischtelefon Bayerns, das 1927 im Rathaus außer Betrieb genommen wurde (Foto 2009).

Die ersten Automobile tuckerten um 1910 durch die Gassen, ein Mietauto begann den Lohnkutschern bei Hochzeiten Konkurrenz zu machen. Noch ermahnten besorgte Mütter ihre Kinder, wenn sie zum Spielen auf die Gasse gingen: „Kommt nicht unter ein Fuhrwerk!". Doch bald standen schon ein, zwei Zapfsäulen am Gehsteig. Der städtische *Pflasterzoll* wurde vor den Stadttoren bis 1923 kassiert, damals musste man für ein Auto bei der Einfahrt 1,50 inflationäre Papiermark bezahlen.

Amtliche Bekanntmachungen wurden vom Polizeidiener mit der Glocke ausgeschellt, die neuesten Nachrichten aus der engeren Heimat und der weiten Welt brachte der Wörnitz-Bote dreimal wöchentlich ins Haus.

Tanksäule am Leder-
markt (Foto ca. 1910).

Historischer Verein "Alt-Dinkelsbühl"

1893 In der kleinen bayerischen Landstadt mit rund 4 500 See-
len wurde die große Vergangenheit verdienstvoll wach gehalten. Bürgermeister Hofrat Ludwig Sternecker regte beim Däm-
merschoppen mit einigen Honoratioren im Gasthaus Weißes
Ross an, einen *Historischen Verein für Dinkelsbühl und Umgebung*, zu gründen. Bereits im Jahr danach richtete der Verein im
Alten Rathaus, heute Haus der Geschichte Dinkelsbühl von
Krieg und Frieden, sein *Altertums-Museum* ein, danach das *Historische Museum im Spital*. Mit der aufgebauten Sammlung historischer Gegenstände rettete der Verein die Erinnerung an das
reale Dinkelsbühler Leben. Einen nicht hoch genug zu schätzen-
den Entschluss fasste man 20 Jahre später mit der Herausgabe
der *Mitteilungen aus der Geschichte Dinkelsbühls und seiner
Umgebung*, um das Geschichtsbewusstsein zu fördern. Ein äußerst fruchtbares Lokalzeitungs-Periodikum, 2013-2019 her-
ausgegeben von sechs ehrenamtlichen Stadtarchivaren als
Schriftleiter. Das breite Themenspektrum reichte von der Vor-

und Frühgeschichte bis in die Jetztzeit. Sie ermöglichten aussagekräftige Texte im Haus der Geschichte Dinkelsbühl 2008. Hinzu kamen ab 1963 in lockerer Folge publizierte Jahrbücher des Vereins.

Als dritte bedeutsame Vereinsarbeit kam das Bemühen um Denkmalschutz und Stadtbildpflege hinzu, so sitzen zwei Vereinsmitglieder beratend im Bauausschuss. Die Altstadt konnte als besonderer Lebensraum bewahrt werde, was einen Journalisten der Berliner Zeitung 1932 veranlasste, Dinkelsbühl neben Lüneburg *die schönste Altstadt in Deutschland* zu nennen.

1925 Stadterhaltung missglückt Trotz aller Bemühungen musste Bürgermeister Rudolf Götz bereits 1925 als Vorsitzender des Historischen Vereins eingestehen, dass „manches bei der Stadterhaltung missglückt ist, viele Proteste erfolgten und malerische Punkte in der Altstadt verschwunden sind". Und der ehrenamtliche Stadtarchivar Joseph Greiner beklagte als Ausschussmitglied „die Begierde, möglichst viel zu modernisieren und den geheimnisvollen Reiz des Alten und Unberührten zu zerstören und Vorschläge achtlos und ärgerlich in den Wind zu schlagen".

Vom Weltkrieg zur Nazistadt

Der Erste Weltkrieg

1914/1915 Kriegsbeginn Der Heimathistoriker August Gabler erinnert sich, wie er mit 10 bis 14 Jahren die Kriegszeit erlebte: „Am späten Abend traf die Nachricht von der befohlenen Mobilmachung ein, die durch den Polizeidiener ausgeschellt wurde. Vor dem Rathaus sammelte sich eine Menschenmenge, die vaterländische Lieder sang. Am folgenden

Sonntag fanden in den beiden Kirchen Abschiedsgottesdienste statt [...]. Am Montag begannen auf dem Weinmarkt die Pferdemusterungen. Die ausgewählten Tiere wurden [...] teils auf die Bahn verladen, teils zu Fuß nach Ansbach abgeführt.

Der jüdische Besitzer des führenden Textilhauses Waker in der Steingasse hatte den Auftrag erhalten, das staatlich überwachte Getreide aufzukaufen und abzuführen. Sein Lagerraum war unter anderem der erste Boden im Kornhaus der Koppengasse, derzeit Jugendherberge.

Den Krieg hindurch wurden die Siegesnachrichten vom Hagelturm mit der Lärmkanone angekündigt und durch Telegramme des „Wörnitz-Boten" [...] bekannt gemacht. Erst Mitte des Jahres 1915 erschienen die ersten Fleisch- und Brotmarken." Später kamen andere hinzu, auch Stoffe und Schuhe gab es nur noch auf Bezugsscheine. „Wir mussten vormittags noch vor Schulbeginn den Einkauf von Fleisch besorgen. Vor dem Ladentisch hatten sich die Frauen bereits wie eine Mauer aufgebaut – da kamen wir nicht durch. In der Schule wartete für Zuspätkommen der Stock [...]. Es kam die Zeit der Ersatzstoffe. Glücklich war, wer Verwandte auf dem Land hatte. Wie oft sind wir da hinter dem Bahndamm zu unseren Verwandten auf dem Pfaffenhof gelaufen, um Milch zu holen."

1918 Freistaat Bayern Das Königreich Bayern war wirtschaftlich zerrüttet. Am Ende des Ersten Weltkriegs revoltierte das werktätige Volk gegen Adel und Bürgertum, das II. deutsche Kaiserreich endete. Der Anführer der *Unabhängigen Sozialdemokratischen Partei*, Kurt Eisner, proklamierte: *Bayern ist fortan ein Freistaat*. Mit dem Thronverzicht Ludwigs III. aus dem Haus Wittelsbach am 13. November 1918 war Dinkelsbühl nicht mehr Königlich Bayerische Landstadt, Bürgermeister Rudolf Götz ordnete *die Entfernung der Königsbilder aus dem Sitzungssaale und den Büros* an.

Die Rote Fahne weht am Rathaus

1918, 1919 Nach der Revolution der Werktätigen und der Bildung der Bayerischen Räterepublik gab es in Dinkelsbühl keine gewaltsame Übernahme des Rathauses. Fehlende Fabriken und Kasernen sowie ein gesellschaftlich integriertes Kleinbürgertum verhinderten es. Immerhin formierte sich am 9. November 1918 ein *Arbeiter- und Soldatenrat* aus den Insassen des Vereinslazaretts im Spital und aus einigen Arbeitern.

Unter Führung eines Feldwebels zog eine kleine Anhängerschaft mit Trommel und roter Fahne vom Vereinslokal Zum weißen Schwan, dem heutigen Fränkischen Hof, Nördlinger Str. 10, zum Rathaus, wo man Bürgermeister Rudolf Götz aufforderte, die Revolutionsräte anzuerkennen. Er lehnte sie als nicht gewählte politische Kontrolleure ab, aus persönlichen Gründen auch, nachdem sie in einer öffentlichen Versammlung gewählt worden waren.

Die Forderung, man habe *ebenso viel zu sagen* wie der Magistrat, und der Arbeiter- und Soldatenrat müsse alles mitunterzeichnen, eskalierte in einem kurzzeitigen Hausarrest des Bürgermeisters in seiner Rathaus-Dienstwohnung. Er beugte sich freiwillig der Gewalt und legte sein Amt am 22. November nieder. Es wurde eine rote Fahne angeschafft, die ohne Magistratsbeschluss bis zum 8. Dezember vom Rathausbalkon wehte, wo sie in nicht geklärter Weise in Flammen aufging.

Das Staatsministerium des Inneren in München teilte jedoch mit, der Arbeiter- und Bauernrat habe mit der Absetzung des Bürgermeisters seine Zuständigkeit überschritten, diese sei nicht rechtswirksam. Rudolf Götz nahm sein Amt wieder auf.

Im Januar 1919 saßen neben dem Ratsvorsitzenden Karl Ries – der nach dem Zweiten Weltkrieg 1945 Bürgermeister werden sollte – und seinem Stellvertreter im Arbeiterrat 9 Handarbeiter und geistige Arbeiter sowie im Bauern- und Bürgerrat 9 Mitglieder. Von ihnen konnten bis zu drei Vertretern an allen städtischen Sitzungen mit beratender Stimme teilnehmen.

Doch nach der Neuwahl des Stadtrats wurden die beiden Ratsvorsitzenden zugleich Stadträte, sodass durch die Doppelfunktion eine Kontrolle des Arbeiter- und Bauernrats in der Verwaltung nicht mehr wirklich gegeben war. Die Dinkelsbühler Revolution war damit so gut wie beendet.

Steckbriefe: Francé und Francé-Harrar

1919-1925 Dr. Raoul Heinrich Francé und Annie Francé-Harrar In München lebend, flüchteten sie 1919 nach Dinkelsbühl, um einer Festnahme durch die Räteregierung zuvorzukommen. *In dem uns von vielen Sommern her wohlbekannten Dinkelsbühl nahm man uns auf wie weiland Vater den verlorenen Sohn*, schrieb Annie Francé-Harrar. Zur Tausendjahrfeier 1928 Besuch in Dinkelsbühl.

R. H. Francé In Wien 1874 geboren, Biologe und Philosoph mit ökologischen Ideen, Begründer der Biotechnik. Verfasste eigener Ansicht nach die besten Werke in Dinkelsbühl. 1920 erschien *Der Weg der Kultur*, wo er in der Reichsstadt Dinkelsbühl das Gesetz der Harmonie mit der Umwelt bemerkte. Heirat 1923 in Dinkelsbühl. Zeitschriften *Telos* und *Kosmos*. Überseereisen. Verließ 1925 Dinkelsbühl. Tod 1943 in Budapest.

Annie Francé-Harrar Naturforscherin und Autorin, die mit ihrem Mann zusammenarbeitete. Geboren 1886 in München. Begründerin der Humus- und Kompostwirtschaft. 1950 erschien *Die letzte Chance – für eine Zukunft ohne Not*. Über Dinkelsbühl schrieb sie: Es schlief einen *schwermütigen Dornröschenschlaf*. 1971 in Hallein gestorben.

Die Tausendjahrfeier

1928 Mit großer Begeisterung und glanzvoll beging die Stadt eine Tausendjahrfeier. Ein kostümierter Festzug stellte in 22 Gruppen die Geschichte Dinkelsbühl dar. Vorneweg zog der legendäre Stadtgründer samt einer Fell- und Laubhütte. In der Festschrift war zu lesen: *Der Dinkelbauer, ein fränkischer Edeling, namens Dinko, reitet an der Spitze seiner Sippe. Ihm folgt der Wagen mit der Dinkelbäuerin, Kinder, Gesinde, Reiter, Knechte, und Mägde mit Herden und Hunden.*

Die 1 000-jährige Stadtexistenz bezog man auf Chronistenberichte des 16. Jahrhunderts, Dinkelsbühl sei bereits 928 eine ummauerte Stadt gewesen. Hinzu kam *ein unwiderregliches Dokument aus Stein*, eine kreisförmige Bruchstein-Mauer mit einem Außendurchmesser von 5,70 m und einer Mauerstärke von nur 0,85 m, die man 1926 an der Bechhofener Straße knapp unterhalb des Eisenbahneinschnitts aufgedeckt hatte. Er wurde kurzerhand zum fränkischen Burgturm des 8. oder 9. Jahrhunderts erklärt, ist auf Karten jedoch als Fundament der *Hauptstatt,* der Gerichtsstätte zum Köpfen, eingezeichnet.

Die NSDAP regiert die Stadt

Die Revolutionsräte von 1918 hatten nur kurze Zeit Einfluss auf den Stadtmagistrat nehmen können, die nationaldeutsche Zeitströmung und die Ablehnung der Weimarer Republik beherrschten die Meinung der Einwohnerschaft. Für sie trugen Linke und Katholiken am demütigenden Frieden von Versailles die Schuld.

1921 An den vier Tortürmen ließ die Stadt Wappentafeln mit der völkisch-rechten Parole anbringen: *Denkt an den Schmachfrieden von Versailles und die schwarze Schande.* Entfernt wurden sie von den Nazis 1935.

1925 Die politische Zeitenwende kündigte sich in Dinkelsbühl an, als zur Amtseinsetzung von Reichspräsident Hindenburg an städtischen Gebäuden die schwarz-weiß-rote Fahne des beendeten Zweiten Kaiserreichs aufgezogen wurde, anstatt der schwarz-rot-goldenen Fahne der Weimarer Republik. Auf Beschluss des Stadtrats durfte bei künftigen Veranstaltungen in der Schranne jede Partei beliebig flaggen, ausgenommen davon waren die Kommunisten.

1927, 1932 Hitlerbesuch bei Straßer, Ortsgruppe der NSDAP Adolf Hitler besuchte auf Einladung der Brüder Gregor und Dr. Otto Straßer die Familie am 23. und 24. August 1927. Gregor Straßer gründete einige Tage danach mit 18 Mitgliedern die NSDAP-Ortsgruppe Dinkelsbühl. Im Schaukasten wurde der *Völkische Beobachter* ausgehängt, an Samstagen verkaufte man an den Haustüren das Hetzblatt *Der Stürmer*.

Zur Wahlkundgebung in der Schranne 1932 mit Reichsorganisationsleiter Gregor Straßer reiste die Sturmabteilung SA mit 600 Männern an, die von der Stadtkapelle, vom Zunftreigen und den Schwerttänzern begrüßt wurden.

Gregor Straßer hatte als Mitglied der NSDAP 1923 am Hitlerputsch in München teilgenommen, war ab 1924 Bayerischer Landtagsabgeordneter und bis 1933 Reichstagsabgeordneter in Berlin. Er stieg zum mächtigsten Parteimann nach Hitler auf, wurde aber bei der Röhm-Aktion 1934 im Auftrag Hitlers ermordet. Die volksgenössische Kampfgemeinschaft SA wurde danach der Partei untergeordnet. Otto Straßer war der Partei 1925 beigetreten, musste 1933 ins Exil gehen, versuchte in Prag Widerstand gegen Hitler zu organisieren und entkam 1938 nach Kanada.

1929/1930 Hakenkreuzflaggen-Streit Als die NSDAP bei einer Veranstaltung in der Schranne Hakenkreuzfahnen flaggte, verließ ein jüdischer Stadtbesucher Dinkelsbühl sofort. Nach einem Beschwerdebrief des *Centralvereins Deutscher Staatsbürger Jüdischen Glaubens*, versuchten der *Verkehrs- und Pressausschuss* sowie Bürgermeister Rudolf Götz die Sache zu bereinigen, man befürchtete einen Rückgang jüdischer Touristen.

Die Polizei griff spät ein: Bericht im Wörnitz-Boten vom 03.02.1932.

1932 Widerstand Ortsgruppen anderer Parteien, die bei politischen Veranstaltungen den Nazis entgegentraten und auch gewalttätig gegen sie vorgingen, waren die kommunistische Partei KPD, die republikanische Partei Reichsbanner Schwarz-Rot-Gold, die sozialdemokratische SPD mit der eisernen Front. Bis 1933, alle Parteien außer der NSDAP wurden verboten.

1933 Ehrungen Adolf Hitlers Bereits sechs Wochen nach Hitlers Ernennung zum Reichskanzler wurde im Stadtrat, unterstützt von Bürgermeister Rudolf Götz, bei den Gegenstimmen der zwei sozialdemokratischen Räte am 13. März 1933 seine Ehrenbürgerwürde beschlossen. Ebenso erfolgte ein Beschluss, die Neue Promenade in *Hitler-Promenade* umzubenennen.

Die Wörnitzbrücke wurde seit 1933 anlässlich des Frankentags auf dem Hesselberg mit Nazisymbolen geschmückt (Foto Stadtarchiv).

1934 Judentafeln Einem Stadtratsbeschluss entsprechend, wurden *Mahntafeln* mit der Aufschrift *Juden unerwünscht* an der Schranne und an den vier Stadttoren angebracht. Eine tägliche Demütigung der seit 1934 über 60 in Dinkelsbühl lebenden Juden.

1935 Stadtübernahme durch die NSDAP Bei den Reichstagswahlen 1928 hatte Hitlers Partei 438 Dinkelsbühler Stimmen erhalten, zwei Jahre später nahezu das Doppelte und 1/3 aller Stimmen. Die SPD erreichte davon mit 16 Prozent nur die Hälfte. Bei der

Wahl des Reichspräsidenten 1932 siegte Hitler gegen Hindenburg schließlich mit 3/5 Zustimmung der Wähler*innen. Zu dieser Zeit hatte Dinkelsbühl ein hohes Haushaltsdefizit, die städtischen Angestellten mussten einen Teil ihrer Bezüge zinslos stunden. Die Volksküche und die Wärmestube wurden von immer mehr Leuten aufgesucht.

Nachdem die Nationalsozialisten den gewählten Stadtrat durch zwölf eigene Leute ersetzt hatten, drängten sie 1935 Bürgermeister Rudolf Götz aus dem Amt. Bürgermeister in Vertretung wurde Schulhausmeister Fritz Lechler, Ortsvorsitzender der NSDAP seit 1932, der dann ab 1937 Bürgermeister bis Kriegsende war.

1938 Exodus der Juden Die NSDAP-Diktatur durchdrang mit Gesetzen und Maßnahmen die ländliche und bürgerliche Gesellschaft. Die örtliche Führung nahm auf bürokratischem Weg den Dinkelsbühler Juden nach und nach ihre Lebensgrundlage. In der Öffentlichkeit zeigte die Nazi-Parole *Kauft nicht bei Juden!* ihre Wirkung. Bis zum Beginn des III. Reichs waren die jüdischen Mitbürger integriert, sie hatten seit ca. 1800 in nahezu einem Fünftel der Altstadthäuser ihre Wohnungen.

Anfang 1933 lebten 62 Juden in der Stadt, im Novemberpogrom 1938 waren nur noch 19 ansässig. Sieben Männer, sieben Frauen und fünf Kinder gaben am 10./11. November ihre Heimat auf. Man hatte sie erniedrigt und gewalttätig bedroht. Zehn von ihnen wurden in Vernichtungslagern ermordet oder verstarben in Internierungslagern. Wie Bürgermeister Fritz Lechler nach dem Exodus der Regierung mitteilte, hätten die Juden *unter dem Druck der Verhältnisse die Stadt verlassen. Eine Ausweisung ist nicht erfolgt.* Zum Gedenken der ermordeten Juden wurden 25 *Stolpersteine* im Jahr 2009 gesetzt.

9. und 10. November 1938 „Judenaktionen" Der erste Überfall mit zwei Rollkommandos der SA, bestehend aus vier bis fünf Mann, erfolgte einen Tag vor der „Reichskristallnacht" in der Dunkelheit des 9. Novembers 1938 um 5 Uhr. Ein jüdisches Ehepaar wurde blutig geschlagen, kleinere Gegenstände wurden zertrümmert. In einer anderen Wohnung

144

beschädigte man die Räume, stieß den Familienvater in einen Spiegel, er verletzte sich schwer am Auge. Ein zweites Rollkommando suchte unter anderem einen 71-jährigen auf, dessen drei Söhne im Ersten Weltkrieg gefallen waren. Einer der SA-Männer sagte: „Was wollt ihr dem alten Mann tun, der hat doch niemand etwas getan?" Man jagte ihn aus dem Bett, der auf dem Tisch stehende Maßkrug wurde durch das Fenster auf die Straße geworfen.

In der Frühe des 10. Novembers erfolgte im Rahmen des von der Nazi-Führung geplanten Pogroms die zweite Dinkelsbühler „Judenaktion". Eine 72-jährige Großmutter, ihre Tochter und deren zwölfjähriger Sohn wurden aus den Betten auf die Straße getrieben. Sie wurden in schamloser Weise verspottet, der Junge wurde anstelle seines verreisten Vaters geprügelt. Anderswo wurden Federbetten aufgeschlitzt und Türen eingeschlagen.

An diesem Morgen verwüstete man auch die Zimmersynagoge in der Klostergasse 5, die Thorarollen und Gebetbücher wurden auf der Straße verbrannt.

Friedenszeit –
Historische Verantwortung

Auch im Zweiten Weltkrieg blieb Dinkelsbühl von einer Zerstörung verschont, obgleich die Frontlinie für drei Wochen hier verlief. Den Ausschlag gab amtsbedingt die Zustimmung des NS-Kreisleiters. Insbesondere ist die Stadtrettung fünf Männern zu verdanken, dem Kriegsbürgermeister, dem Schutzbezirkskommandeur, dem evakuierten schwedischen Konsul, dem befehlshabenden deutschen General und dem anrückenden amerikanischen Panzerleutnant.

1945 Am 7. April 1945 erschien ein Vorkommando der Waffen-SS in der Stadt, um den Verteidigungszustand vorzubereiten Um Dinkelsbühl als Kampfplatz zu verhindern, fuhr der amtierende Dritte Bürgermeister August Landenberger zu General Schulz, Oberbefehlshaber der Heeresgruppe G, dessen Stab in Wallerstein lag. In Begleitung des vor wenigen Tagen eingesetzten Dinkelsbühler Schutzbezirkskommandeurs Oberstleutnant Dr. Fritz Schmid, trug Landenberger vor, in der Stadt seien 5 000 evakuierte Frauen und Kinder und *dass das Kleinod Dinkelsbühl nicht sinnlos zerstört werden dürfe.* Tatsächlich erging noch am selben Tag der Befehl, *dass die Stadt Dinkelsbühl nach Möglichkeit nicht in einen Kampf mit einbezogen wird. Die geplanten Sperranlagen sind daher soweit von der Stadt abzusetzen, dass darum sich entwickelnde Kämpfe die Stadt nach Möglichkeit nicht berühren.* Die SS versteifte sich auf die Formulierung *nach Möglichkeit* und verfolgte weiter, Dinkelsbühl einzubeziehen. Erst nachdem Kreisleiter Ernst Ittameier von Wassertrüdingen, zuständig auch für Dinkelsbühl und Feuchtwangen, auf eine zurückgesetzte Verteidigungslinie bestand, gab die SS-Leitung nach und zog ab.

Die Dinkelsbühler erlebten die drohende Gefahr am 12. April, als vier Tiefflieger über dem außerhalb der Altstadt gelegenen Bahnhof Spreng- und Stabbrandbomben abwarfen. Ein weiterer Angriff erfolgte am 20. April: Am Morgen kreisten Tiefflieger über der Altstadt und schossen auf Fußgänger, die in die St. Georgskirche flüchtenden – die Einschusslöcher am Gotteshaus sind erhalten. Am Nachmittag rückte noch der Stab einer deutschen Volksgrenadierdivision ein, als aber dann ein US-Panzerverband in Lehengütingen den dortigen Widerstand in einem Feuergefecht brach, zogen die Soldaten ab. Gegen 20 Uhr erfolgte noch ein Angriff durch die Dinkelsbühler Hitlerjugend an der Larrieder Straße. Sie schoss mit Maschinengewehren auf die stoppende Fahrzeugkolonne, sieben Amerikaner wurden verwundet, ein Deutscher getötet. Die Panzerspitze kam schließlich am Stauferwall zum Stehen. Der dort in der Feuchtwanger Straße wohnende Schutzbezirkskommandeur Dr. Fritz

Schmid konnte den anführenden Leutnant Melone Metzner davon überzeugen, dass der Maschinengewehrangriff nicht von Dinkelsbühler Verantwortlichen befohlen worden war. Da detonierten an der Eisenbahnüberführung in der Bechhofener Straße und an den Widerlagern der Wörnitzbrücke Sprengladungen, gezündet von der SS. Der amerikanische Panzerleutnant Metzner blieb jedoch besonnen.

„Mahnmal" des Zweiten Weltkriegs: Frauenportal am Kirchhöflein (Foto 2019).

In den Nachtstunden setzte der aus Nürnberg evakuierte schwedische Ehrenkonsul Dr. Sven Helander die Stadtrettung fort. Als neutraler Einwohner nahm er die amerikanischen Bedingungen einer kampflosen Stadtübergabe entgegen. Eine bei Gersbronn stehende deutsche Artillerie feuerte einige Granaten ab. Sie beschädigten unter anderem Dach und Orgel der Spitalkirche und das Frauenportal des Münsters, das als Mahnmal erhalten ist. Bis nach Mitternacht feuerte die Artillerie der Waffen-SS über das Dorf Segringen hinweg auf Dinkelsbühl. Bei der Stadtübergabe am folgenden Morgen um ca. 7.00 Uhr hingen an allen Häusern die ausbedungenen weißen Wäschestücke, die US-Soldaten rückten über die beschädigte Wörnitzbrücke ein.

Durch den Einmarsch wurden in Dinkelsbühl und Umgebung 627 Polen, Russen, Serben, Franzosen, Italiener und Niederländer befreit, die unter anderem Zwangsarbeiter und Kriegsgefangene gewesen waren.

Nach der bedingungslosen Kapitulation setzte die Besatzungsmacht im Mai 1945 das SPD-Mitglied Karl Ries als kommissarischen Bürgermeister Dinkelsbühls ein, der danach in freier Wahl bestätigt wurde.

Wie Dinkelsbühl über seine Mauern wuchs

Erst wenige Jahre vor 1900 waren außerhalb des spätmittelalterlichen Mauerrings einige Villen entstanden, vereinzelt in der Bechhofener Straße, mehr in den 1920er- und 1930er-Jahren am Loderweg beim Rothenburger Weiher und an den Ausfallstraßen. So in der Luitpoldstraße die öffentlichen Gebäude Bahnhof 1876, Dreschhalle 1886, Forstamt 1896, Amtsgericht 1908, Postamt 1928 und Polizeigebäude 1934.

In größerem Ausmaß wuchs Dinkelsbühl erst nach dem Zweiten Weltkrieg über seine Mauern hinaus. Die Einwohnerzahl stieg von rund 5 000 auf über 7 000 im Jahr 1948, davon waren rund 17 Prozent heimatvertriebene Neubürger und 12 Prozent Evakuierte. In einer zweiten Welle ließen sich deutschstämmige Aussiedler nieder. Eine enge Beziehung zur Stadt gingen der Heimatkreis Mies-Pilsen und die Siebenbürger Sachsen ein, deren Heimattag seit 1951 in Dinkelsbühl stattfindet. Neubausiedlungen entstanden zunächst an den südlichen und östlichen Hanglagen.

Einen herben Einschnitt bedeutete die bayerische Gebietsreform 1972, bei der die Stadt Dinkelsbühl den Kreissitz verlor und der Landkreis Dinkelsbühl im überdimensionalen Landkreis Ansbach aufging, einige Behörden verblieben als Amts-Außenstellen. Dagegen konnte durch die Eingemeindung umliegender Orte bis 1978 die Bevölkerung auf derzeit über 12 000 Personen ansteigen, das Stadtgebiet vergrößerte sich mit rund 75 km² auf das Fünffache seiner spätmittelalterlichen Gemarkung. Es entwickelten sich das stadtnahe Gewerbegebiet und die Industriegebiete in den Stadtteilen Sinbronn und Waldeck.

Entlang der Alten Promenade entstand ein Schul-Gürtel „im Grünen" vom Nördlinger Tor bis zum Segringer Tor mit zeitgemäßer Architektur ab 1956 mit der Christoph-von-Schmid-Volksschule, dem angegliederten Hauptschulbau, dem Kindergarten, einem Hallenbad, dem Gymnasium, dem *Georg-Ehnes-Förderzentrum*, der Dreifachsporthalle, der Wirtschaftsschule, der *Hans-von-Raumer-Mittelschule* und einer Mensa 2009. In der Altstadt sind die Gewerbliche und Kaufmännische Berufsschule, die Berufsfachschule für Musik und die städtische Musikschule.

Nachhaltige Akzente setzte die Bayerische Landesgartenschau *Grün und Gärten vor historischen Mauern*, die 1. Bürgermeister Prof. Dr. Jürgen Walchshöfer gegen Widerstände im Stadtrat 1988 erreichte. Das Gelände des Schulzentrums und die Neubausiedlung Königshain, vor allem aber der Stadtgraben und der Anger am Rothenburger Weiher wurden als Grüngürtel neu gestaltet.

Kultur

Im vielfältigen Dinkelsbühler Kulturleben reicht das musikalische Repertoire von der Knabenkapelle und Blasmusikorchestern über Konzerte, Sängervereine und Gastchöre bis zum *Jazzkeller* in der Schranne oder dem Festival *Summer Breeze* im Ortsteil Sinbronn. Im einstigen Heiliggeistspital wird ein Konzertsaal bespielt, die Kirchen haben für Musikveranstaltungen ihre Türen geöffnet.

Museen nehmen in der Stadt seit 1894 einen festen Platz ein, das *Haus der Geschichte Dinkelsbühl von Krieg und Frieden* seit 2008 mit der Dauerausstellung zur Hexenverfolgung im Alten Rathaus, das *Museum 3. Dimension* mit seiner umfangreichen Holografie-Sammlung und optischen Illusionen in der Stadtmühle seit 1991, im ehemaligen Kornhaus in der Bauhofstraße befindet sich seit 2007 das *Kinderzech´-Zeughaus* mit Fundus und Darstellung der Kinderzeche, im Nördlinger Torturm sind neuerdings die Ausstellungsetagen des Vereins *Die Getreuen des Königs Gustav Adolf 1632* zu besichtigen.

Für die Bildende Kunst gibt es im Kunstgewölbe im Spital eine umfangreichere Ausstellungsmöglichkeit.

Malerei-Geschichte Von den freischaffenden Künstlern ist Rudolf Warnecke als Meister der Holzschneidekunst hervorzuheben. Er lebte und arbeitete hier von 1945-1969. Seine Sgraffitos sind an einigen Dinkelsbühler Häusern zu sehen. Ein kleiner Malkreis von Freizeitkünstlern gründete sich 1973, der seit 2008 in die heutigen Gruppe Art & Farbe fortbesteht. Daneben gab es seit 1975 eine Malschule dessen Urheber Joachim Neuhäuser war, der Wirt der ehemaligen Malerklause Weißes Ross. Unter der Leitung des Kunstmalers Joachim Ludwig wurden über 30 Jahre von auswärtigen Künstlern Kursprogramme durchgeführt. Als letztes entstand 2011 die Gruppe Kunst-o-Nauten mit originaler Kunst im Kleinstformat zum kleinen Preis in einer Zigarettenschachtel aus einem Automaten im Spitalhof.

Kunstautomat bei der einstigen Pförtnertür der Spitalanlage (Foto 2019).

Zum Erfolgsmodell mit jährlich über 50 000 Besucher*innen hat sich das *Landestheater Dinkelsbühl Franken – Schwaben* mit seiner Freilichtbühne am Wehrgang und der umgebauten Spitalscheune entwickelt.

Theater-Geschichte Theater in Dinkelsbühl hat Tradition, 1604 sind „Englische Komödianten" auf ihrer Tour mit „Romeo und Julia" wohl in der Reichsstadt Dinkelsbühl aufgetreten. Gastspiele von Wanderbühnen fanden seitdem

immer wieder statt. Als erste dauerhafte Theatereinrich-
tung etablierte sich 1897 in der Schranne. das jährliche
Festspiel „Die Kinderzeche" mit bürgerlichen Laiendarstel-
lern

Ein professionelles Theater, bereits mit Freilichtaufführun-
gen, ließ sich 1956 nieder. Das kleine Privatensemble
„Burgschauspiel Dinkelsbühl", unter der Intendanz von
Erich Krempin, „wir sind so etwas wie eine Schmiere". Nach
seinem unerwarteten Tod übernahm 1959 Klaus Schlette
das Theater, das ab 1962 als „Fränkisch-Schwäbisches
Städtetheater" von rund 30 Gemeinden öffentlich betrie-
ben wurde.

Ab 1970 leitete Klaus Troemer für 27 Jahre mit einem ab-
wechslungsreichen Spielplan die Bühne. Sie wurde 1993
städtisches Theater. Die gesamte Technik – Kulissen, Be-
leuchtung, Kostümschneiderei, Beschallung, Transport –
musste von den Schauspieler*innen zusätzlich bewältigt
werden.

Nach einem Zwischenspiel Christian Alexander Schnells mit
anspruchsvollen Stücken wurde 2001 Peter Cahn Intendant.
Für die Freilichtaufführungen am Wehrgang richtete Stadt-
baumeister Holger Göttler 2005 eine überdachte Rundtri-
büne ein, ein Jahr danach erfolgte der Umbau der Spital-
hofscheune zum Theaterhaus „Landestheater Dinkelsbühl
Franken-Schwaben", dem kleinsten Landestheater Deutsch-
lands. Cahns Konzept mit Revuestücken im Sommer und
Boulevardtheater bei Winteraufführungen zieht auch länd-
liches Publikum an.

Am Scheideweg

Wie nur wenige Städte hat Dinkelsbühl mit seinem geschlossenen historischen Stadtbild und prägenden Großbauten ein indi-
viduelles, attraktives Image. Dinkelsbühl bewahrte sich sein
einheitliches Ganzes innerhalb des Mauerrings wegen der wenigen Fahrzeugzufahrten. Die vier breiten Torstraßen machen
die Stadt für Besucher überschaubar und führen zum Stadtkern.

Hier lag das geistliche Zentrum mit Pfarrkirche und Friedhof, gegenüber die weltliche Stadtstaatsobrigkeit mit der Ratstrinkstube, wo vom Fenster der Bürgereid und die Verordnungen verlesen wurden. Marktplatz und Weinmarkt waren das Nahrungszentrum mit dem Fruchthandel in der Schranne, wo auch der kleine Mann seinen Bedarf decken konnte.

Die Altstadt ist seit dem Spätmittelalter von Stadtbränden verschont geblieben und überstand die Kriege mit nur wenigen Gebäudeverlusten, hier schreiben die Häuser Stadtgeschichte. Das *Europäische Kulturdenkmal* Dinkelsbühl brilliert mit einer beispiellosen Bilanz im Süddeutschen Raum: Insgesamt haben von den 780 Altstadtgebäuden mehr als Dreiviertel ihren Baubeginn vor über 350 Jahren, nahezu die Hälfte hat einen Baubeginn vor über 500 Jahren. In den Gassen und Plätzen konnte sich die Primärstruktur des spätmittelalterlichen Städtebaus erhalten.

Größere Bausünden sind vergleichsweise gering, es begann aber bereits in den 1950er- und 1960er-Jahren das pittoreske Stadtbild zu verarmen, weil mit zunehmendem Wohlstand Altes nicht erhaltenswert erschien und nicht ertüchtigt, sondern durch Modisches ersetzt wurde. Geschäftsinhaber modernisierten die Läden mit Schaufenstern, die heute in den Torstraßen vorherrschen, Anbauten wurden entfernt, Scheunen in Wohnhäuser und Dachräume in Wohnungen umfunktioniert, Freiflächen und Hofräume zugebaut, Bordsteine und Poller gesetzt. Auch der die Altstadt umschließende Grüngürtel, ein unschätzbares Gut Dinkelsbühls, füllte sich entlang der Alten Promenade mit Bauten.

In den letzten Jahrzehnten profitierte der Ort von der günstigen wirtschaftlichen und touristischen Entwicklung mit derzeit rund 200 000 jährlichen Übernachtungen. Dinkelsbühl steht am Scheideweg. An der Romantischen Straße gelegen, ist es eine der schönsten Kleinstädte Deutschlands mit einer ausgewogenen Mischung von Geschäftsräumen in Erdgeschossen und Wohnungen in Obergeschossen. Die Problematik leerstehender Geschäftsräume sollte ein City-Outlet lösen, wogegen sich eine Bürgerinitiative erfolgreich zur Wehr setzte.

Events, die einander ablösen, stören die Bewohner im Alltagsleben, die Wohnqualität wird selbst in den Nebenstraßen gemindert. Unbefriedigend gelöst sind seit Jahrzehnten der durch die vier Torstraßen fließende Fahrzeugstrom und die innerstädtische Parkplatzsituation, ein Verkehrskonzept fehlt.

Eine Spaltung der Bevölkerung bewirkte das Projekt der B25-Ortsumfahrung durch das Naherholungsgebiet Mutschach, den Bannwald aus frühester Stadtzeit. Dies rief nicht nur den *Bund Naturschutz* auf den Plan, der Verein *Rettet die Mutschach* gründete sich, und ein Bürgerbegehren wurde durch ein Ratsbegehren umgangen.

Ein drohender Übertourismus mit Besuchermasse statt -klasse, einhergehend mit Hotelbauten in der Altstadt und Möblierung der Straßen, ist spürbar. Dabei könnten versteckte Merkwürdigkeiten anspruchsvollere Kulturtouristen anlocken. Ein Hauptziel der Projektgruppe *GPS* (Gerecht, Politisch, Sozial) ist die Verbesserung der Lebensqualität und das Verhindern der genormten Gesichtslosigkeit der Stadt. Ein Verein *Pro Altstadt Dinkelsbühl*, der nicht nur dem Verlust historischer Bausubstanz gegensteuern will, hat sich in Konkurrenz zum ehrwürdigen Historischen Verein „Alt-Dinkelsbühl" gegründet. Weitere historische Vereine sind *Viri Regis 1632 Die Mannen des Königs* und die Getreuen des Königs Gustav Adolf 1632.

Die Wirtschaftsinteressen und die Infrastruktur hat dagegen der Verein *Forum Zukunft* im Blick. Die wirtschaftliche Entwicklung der Wohn-, Lebens- und Arbeitsstadt wird als erfreulich bezeichnet.

Die städtischen Probleme unserer Zeit sind in Dinkelsbühl angekommen. Die trotz alter Häuser und enger Gassen intakte Urbanität macht das Städtchen authentisch und lebenswert. Der wohltuende Gegensatz zur Großstadtwelt und die Besonderheit gegenüber anderen Kleinstädten mit historischem Stadtbild schwinden, wenn Wirtschaftlichkeit, genormte Baugestaltung und Tourismus der Gradmesser sind. *Fünf vor zwölf* scheint bei der vor Jahren noch außergewöhnlichen Altstadt allerdings bereits vorbei zu sein.

Literatur in Auswahl

Darstellungen der Stadtgeschichte
- *Arnold, Gerfrid:* Dinkelsbühl. Eine mittelalterliche Stadt, (1988).
- *Beck, L.:* Übersicht über die Geschichte der ehemals freien Reichsstadt Dinkelsbühl von den ältesten Zeiten bis zum Jahre 1806; in: Adressbuch der Stadt Dinkelsbühl, 1886.
- *Bogenberger, Walter:* Geschichte der Stadt Dinkelsbühl; Begleittext im Bildband „Dinkelsbühl", 1978.
- *Gluth, Paul:* Dinkelsbühl. Die Entwicklung einer Reichsstadt, 1958.
- *Greiner, Joseph:* Entstehung und Geschichte. Begleittext im Stadtführer „Dinkelsbühl. ‚Ein fränk.-schwäbisches Schmuckkästlein', (1912).
- *Neumeyer, Teresa:* Dinkelsbühl. Der ehemalige Landkreis; in: Historischer Atlas von Bayern, Teil Franken, 2018.
- *Schnurrer, Ludwig:* Dinkelsbühl; in: Bayerisches Städtebuch Teil 1, 1971.
- *Stahl, G. W.:* Dinkelsbühl im 19. Jahrhundert; in: Adressbuch der Stadt Dinkelsbühl, 1894.

Monografien
- *Arnold, Gerfrid:* Christoph von Schmids erbauliche und vergnügliche Jugend in Dinkelsbühl, 1990. – *Ders.:* Wegen der Kinder Schulzech, mit Quellenanhang, 1994. – *Ders.:* Chronik Dinkelsbühl Bd. 1 Im Reich der Merowinger, Karolinger und Sachsen, 2000. – *Ders.:* Bd. 2 Die Königsstadt. Salier - Staufer - Interregnum, 2001. – *Ders.:* Bd. 3 Die Reichsstadt. Von König Rudolf I. bis Kaiser Karl IV., 2002. – *Ders.:* Bd. 4 Die Stadtrepublik. Kaiser Karl IV. und König Wenzel I., 2003. – *Ders.:* Bd. 5 Mauern und Türme. Die Stadtbefestigung vom Königshof ins 21. Jh., 2014. – *Ders.:* Hexen und Hexer in Dinkelsbühl, 2006. – *Ders.:* Juden in Dinkelsbühl, mit Dinkelsbühler Quellenregesten, 2010. – *Ders.:* Dinkelsbühl Geschichte light. Die Judenschaft. Königreich Bayern, Weimarer Republik, III. Reich, 2020.
- *Beck, L.:* Beiträge zur Regiments- und Verfassungsgeschichte der ehemaligen freien Reichsstadt Dinkelsbühl; in: Programm zum Jahresbericht der vierklassigen Kgl. Realschule Dinkelsbühl pro 1886, 1886.
- *Bürckstümmer, Christian:* Geschichte der Reformation und Gegenreformation in der ehemaligen freien Reichsstadt Dinkelsbühl (1524-1548), 1. Teil 1914, 2. Teil 1915.

- *Gabler, August:* Die alamannische und fränkische Besiedlung der Hesselberglandschaft, 1961.

- *Gabler, Karl-Heinz:* Eine reichsfreie Stadt verliert ihren Reichsstand. Der Weg der freien Reichsstadt Dinkelsbühl zur ´Königlich Bayerischen Munizipalstadt´. Wissenschaftliche Prüfung für das Lehramt an den Gymnasien in Bayern, Maschinenschrift, Stadtarchiv, 1975.

- *Karl, Eva:* „Dinkelsbühl 1945-1948: Aspekte einer *Zusammenbruchgesellschaft* im kleinstädtischen Nachkriegsalltag", Erste Staatsprüfung für ein Lehramt an Gymnasien, Maschinenschrift, Stadtarchiv, 2011.

- *Lober, Adolf:* Von den Buben Bauckenschlagern 1552 zur Knabenkapelle 2002, 2002.

- *Reulein, Wilhelm:* Das Heiliggeistspital zu Dinkelsbühl, 1974.

- *Rotter, Patrick:* Religiös geprägte Lebenswelt in der Reichsstadt Dinkelsbühl von 1350 bis 1660, 2017.

- *Rummel, Peter / Möslang, Alois (Hrsg.):* 500 Jahre St. Georg in Dinkelsbühl, 1999.

- *Schad, Johann Friedrich:* Die Einführung des Gregorianischen Kalenders in Dinkelsbühl; in: Jahresbericht der Königlichen Gewerbeschule und der gewerblichen Fortbildungsschule zu Dinkelsbühl 1873/74. – *Ders.:* Schicksale der Stadt Dinkelsbühl während des 30-jährigen Krieges. Unter Berücksichtigung verschiedener bis jetzt nicht benützter Quellen bearbeitet; in: Jahresbericht der Königlichen Gewerbeschule und der gewerblichen Fortbildungsschule zu Dinkelsbühl für das Schuljahr 1874/75, 1875/76.

- *Schnurrer, Ludwig:* Das Territorium der Reichsstadt Dinkelsbühl; in: Jahrbuch Historischer Verein für Mittelfranken 1962/63.

- *Seubert, Josef:* Untersuchungen zur Geschichte der Reformation in der ehemaligen freien Reichsstadt Dinkelsbühl; Historische Studien, Heft 420, 1971

- *Wagner, Günter:* Dinkelsbühl contra Dinkelsbühl. Innere reichsstädtische Konflikte zwischen dem Westfälischen Frieden und dem Reichsdeputationshauptschluss; in: Reichsstädte in Franken, Aufsätze 1, 1978.

- *Wagner, Werner:* Die Entwicklung der Stadt Dinkelsbühl vom Verlust der Reichsunmittelbarkeit bis zur Revolution 1848/49, Maschinenschrift, Stadtarchiv, 1987.

Sammelschriften

- Sonderdrucke und Jahrbuch Historischer Verein Alt-Dinkelsbühl, 1963 - 2012.

- Alt-Dinkelsbühl, Mitteilungen aus der Geschichte Dinkelsbühls und seiner Umgebung, Beilage des „Wörnitz-Boten" bzw. der „Fränkischen Landeszeitung", 1913 - 2020.

- *Festausschuss:* Festschrift der Stadt Dinkelsbühl anlässlich der Tausendjahrfeier 18 .- 20. August 1928 mit ausführlicher Beschreibung des Festzuges, 1928.

- *Stadtarchiv Dinkelsbühl (Hrsg. Meyer, Hermann):* Festschrift zum Dinkelsbühler Schwedenjahr 1982,1982.

- *Stadtarchiv Dinkelsbühl (Hrsg. Meyer, Hermann):* Beiträge zur Stadtgeschichte Dinkelsbühls,1987.

Bildnachweis

Fotos und Repros ohne Quellenangabe im Text sind vom Autor.

Buchveröffentlichungen von Gerfrid Arnold

Die Römer im Landkreis Ansbach
Geschichte, Wanderführer, Buchners Reise auf der Teufelsmauer
Bebildert, Lageskizzen, Karten vom Autor; 112 S., 1982.

Die Römer in Franken
Fotos, Lageskizzen, Pläne, Quellentexte; 287 S., 1986.

Dinkelsbühl. Eine mittelalterliche Stadt
Fotos von Dietmar Vogel; Lageskizzen, Zeichnungen vom Autor; 263 S., (1988).

Christoph von Schmids erbauliche und vergnügliche Jugend in Dinkelsbühl
Bilder von Thomas Weisenberger; Kartenskizzen vom Autor; 171 S., 1990.

Wegen der Kinder Schulzech
Zeichnungen von Hans-Dieter Jakubowitz; Kartenskizzen und Repros vom Autor, Dinkelsbühler Quellenanhang; 346 S., 1994.

Chronik Dinkelsbühl
Zeichnungen von Dr. Herbert Schicketanz Bd.1-Bd.4; Bd. 5 bebildert vom Autor. Fotos, Kartenskizzen, Pläne vom Autor.

Bd. 1 Im Reich der Merowinger, Karolinger und Sachsen; 222 S., 2000.

Bd. 2 Die Königsstadt. Salier - Staufer - Interregnum; 212 S., 2001.

Bd. 3 Die Reichsstadt. Von König Rudolf I. bis Kaiser Karl IV.; 244 S., 2002.

Bd. 4 Die Stadtrepublik. Kaiser Karl IV. und König Wenzel I.; 240 S., 2003.

Bd. 5 Mauern und Türme. Die Stadtbefestigung vom Königshof ins 21. Jh.; 340 S., 2014.

Hinter der Teufelsmauer
Sagen, Spuk, Legenden zwischen Dinkelsbühl und Wassertrüdingen
Bilder von Anette Arnold; 268 S. (1999).

Hexen und Hexer in Dinkelsbühl
Reich bebildert vom Autor, Dinkelsbühler Quellentexte; 192 S., 2006.

Dinkelsbühl für Kids. Lese-Stadtführer
Illustrationen und Kartenskizzen vom Autor.

> **Weihnacht in Dinkelsbühl mit C. v. S.**; 136 S., 2004.

> **Ferien in Dinkelsbühl**; 160 S., 2005.

> **Geistertour in Dinkelsbühl**; 164 S., 2007.

Juden in Dinkelsbühl
Dinkelsbühler Quellenregesten; Repros von Archivalien, historische Fotos; 552 S., 2010.

Dinkelsbühl Geschichte light. Die Judenschaft; 164 S., 2020.

Dinkelsbühl
Menschen, Bilder, Impressionen
Historische Fotos aus dem Stadtarchiv Dinkelsbühl; 96 S., 2011

Evangelische Kirchen in Dinkelsbühl
> **Die Heiliggeistkirche in Dinkelsbühl**
> **Die St. Paulskirche in Dinkelsbühl**
> Fotos vom Bildarchiv Foto Marburg; Grundrisszeichnungen des Autors; 40 S., 2011.

Dinkelsbühler Hauslexikon A-H
Architektur – Bewohner – Geschichte – Sagen
Mit historischen Bauzeichnungen und Fotos, aktuelle Fotos vom Autor; 224 S., 2016.

Dinkelsbühler Hauslexikon I-M
Architektur – Bewohner – Geschichte – Sagen
Mit historischen Bauzeichnungen und Fotos, aktuelle Fotos vom Autor; 232 S., 2017.

Dinkelsbühler Hauslexikon N-R
Architektur – Bewohner – Geschichte – Sagen
Mit historischen Bauzeichnungen und Fotos, aktuelle Fotos vom Autor; 240 S., 2018.

Dinkelsbühler Hauslexikon S-W
Architektur – Bewohner – Geschichte – Sagen
Mit historischen Bauzeichnungen und Fotos, aktuelle Fotos vom Autor; 300 S., 2019.

Memorial der Laura Prochaska
Meine Flucht aus Brünn 1945
Deutsch-tschechische Familiengeschichte mit authentischem Bericht des Todesmarschs; 96 S., 2017.

Jan & Julia in Dinkelsbühl
Gruseltour – Stadttour – Christoph-von-Schmid-Tour
Illustrationen und Kartenskizzen vom Autor; 244 S., 2018.

Sagenhafte Orte. Hesselberg und Wassertrüdingen
Mit Bildern von Anette Reitsch; 156 S., 2019.

Neuerscheinung Frühjahr 2021

Dinkelsbühl Geschichte *light* **Der Hexenwahn**

In Dinkelsbühl war es anders. Die Gräuel einer fanatischen Hexenjagd gab es in der Reichsstadt nicht. Hier bestimmten die Ratsherren nach reiflicher Überlegung den Prozessverlauf und urteilten nach der Reichsgesetzordnung „Carolina". Zwar erfüllten sie als Obrigkeit gegenüber ihren Bürgern und Landuntertanen die Rechtspflicht, oberstes Ziel aber war der soziale Frieden.

Zur Folter zogen die Hexen einen schwarzen Kittel an, angewendet wurden der „Spitzige Stuhl", die Daumenschraube und die „Tortur", das Hochziehen am Seil. Ein Zehntel der Angeklagten wurde zum Tod verurteilt, in sieben Prozessen waren dies neun Frauen und zwei Männer, eine Frau wurde lebend verbrannt. Andere wurden verbannt, mit Gefängnis und Geldbuße bestraft, standen mit der Halsgeige am Pranger, erhielten Rutenstreiche oder eine Maulschelle durch den Scharfrichter. Mancher kam davon, während hingegen der Bezichtiger eine Strafe erhielt. Zumindest musste er öffentlich Abbitte leisten und die Ehre wiederherstellen.

Die sämtlich erfassten Dinkelsbühler Hexenprozesse von 1557 bis 1700 zeigen ein buntes Kaleidoskop des Stadtstaats, in dem Irrglaube und gedankenloses Gerede, Streit und Geschäftsneid vor das Ratsgericht kamen. – Spätmittelalterliche Kriminalgeschichte pur.